# 料理検定 公式問題集&解説 2級

大阪あべの辻調理師専門学校 料理検定委員会 [編]

評論社

## はじめに

　料理はプロの料理人や家庭の中で長い時間をかけて磨かれ、生き続けてきました。そこには技術的なことだけでなく、人間が積み重ねてきた知識や知恵そして文化が詰まっています。
　おいしいと感じると、人は笑顔になり、幸せな気持ちになります。「おいしさ」という目に見えないものを通して、人と人が親密になれるのは料理がもつ不思議な力です。
　楽しい食は心にゆとりを与え、人生を豊かにします。楽しく健康的な食生活をおくったり、子どもたちに本来の食を伝えたりすることは、自分自身や家族を大切にすることにつながります。
　そのために、もっと料理のことを知りましょう。食材、調理法、道具、そして食文化。知識を得ると、食を楽しむ力や選ぶ力がつきます。いま関心の高まっている「食育」も、決して難しいことではなく、足もとの食を見直すことから始まります。
　人生を楽しく、人生をより豊かに──。もっと深く、もっと身近に料理がもつ素晴らしさを知ってほしい。そんな思いから「料理検定」はスタートしました。

大阪あべの辻調理師専門学校<br>
料理検定委員会

【この本の使い方】

●この本は、第1部に2級模擬問題120問を、第2部にその正解と解説を、第3部の付録には設問と解説に関連するイラストと中国茶の読み方、レシピを掲載しています。最初に第1部から始め、問題だけを解いてみることをおすすめします。その後、第2部の正解と解説をお読みください。
●問題は日本料理30問、西洋料理25問、中国料理ほか15問、食材50問の合計120問からなっています。
●問題をやり終えたら、間違えた問題をチェックし、苦手な分野を克服するようにしましょう。

※料理の作り方や考え方は人や地方によって異なりますが、本書は「大阪あべの辻調理師専門学校」の考え方をもとに構成しています。
※付録にあるレシピはあくまで作り方の一例です。
※植物名・動物名については、各地に伝統野菜や地域団体商標などの登録名称、ブランド名などがありますが、いくつかの例外を除き、基本的にカタカナ表記にしています。
※日本語の読みはひらがなで、外国語のルビはカタカナで記しています。なお、中国語は中国標準語読みです。

# 第1部

# 2級模擬問題
## 全120問

### Q01 日本料理　　　　　　　　　　　　　　　　　答

「松花堂弁当」は今や有名弁当のひとつですが、その誕生のきっかけになった人物は誰でしょう。
［A］千利休　　［B］中沼昭乗　　［C］尾形光琳

### Q02 日本料理　　　　　　　　　　　　　　　　　答

吸い物、汁物の中に「潮汁」というものがありますが、どんな調味をしますか。
［A］魚介類から出た旨味に塩味をつける
［B］魚介類から出た旨味に醤油味をつける
［C］魚介類から出た旨味に味噌味をつける

### Q03 日本料理　　　　　　　　　　　　　　　　　答

寿司屋で「ひかりもの」と呼ばれる魚は、次のうちどれでしょう。
［A］タイやヒラメ　　［B］マグロやカツオ　　［C］コハダや小アジ

### Q04 日本料理　　　　　　　　　　　　　　　　　答

蒸して加熱調理したご飯のことを何といいますか。
［A］強飯　　［B］姫飯　　［C］干飯

### Q05 日本料理　　　　　　　　　　　　　　　　　答

「牡蠣の土手鍋」はどのような味つけで煮込んだ鍋物のことですか。
［A］牡蠣をすき焼き味で煮込んだ鍋物
［B］牡蠣を味噌味で煮込んだ鍋物
［C］牡蠣をネギと塩味で煮込んだ鍋物

## Q06 日本料理

そばは一般的に「三立て(さんたて)」がよいとされますが、次のうち三立てに含まれないのはどれでしょう。
[A] 摘み立て　[B] 挽き立て　[C] 打ち立て

答

## Q07 日本料理

一般的に「魚の水洗い」とはどんなことですか。
[A] ウロコ、内臓を取り、すぐに調理できる状態にする
[B] 生の魚を熱湯に通し、ウロコや血液を水で洗い流す
[C] おろした魚の身を、しばらく流水にさらす

答

## Q08 日本料理

煮魚や焼き魚をするとき、皮目に軽く切り込みを入れることがありますが、これを何といいますか。
[A] 切り掛け切り　[B] 化粧包丁　[C] だまし切り

答

## Q09 日本料理

江戸時代、代表的な3つの珍味とされていたのは、肥前の「からすみ」、尾張の「このわた」と、もうひとつは何ですか。
[A] 能登の「なまこ」　[B] 越前の「塩うに」　[C] 土佐の「酒盗(しゅとう)」

答

## Q10 日本料理

茶の湯の席で、お茶をおいしくいただくために供される簡素な食事を何といいますか。
[A] 懐石　[B] 会席　[C] 本膳

答

## Q11 日本料理

「まながつお西京焼き」とは、どんな味噌を使った焼き物ですか。
[A] 赤味噌　[B] 八丁味噌　[C] 白味噌

答

## Q12 日本料理　　　　　　　　　　　　　　答

「たたき木の芽」とはどのようなものですか。
[A] 木の芽を葉と葉柄に分けること
[B] 手のひらで木の芽をたたき、粘りをだしたもの
[C] 包丁の刃でたたくようにして細かく刻んだ木の芽のこと

## Q13 日本料理　　　　　　　　　　　　　　答

「温泉卵」を作るときの適切な温度帯は、次のうちどれでしょう。
[A] 58〜60℃　　[B] 65〜70℃　　[C] 86〜88℃

## Q14 日本料理　　　　　　　　　　　　　　答

秋田県の「しょっつる鍋」に使う、特産品の「しょっつる」とは何でしょう。
[A] 主としてイカを酢漬けし、発酵させた調味料
[B] 主としてアワビを味噌漬けし、発酵させた調味料
[C] 主としてハタハタを塩漬けし、発酵させた調味料

## Q15 日本料理　　　　　　　　　　　　　　答

材料に「たて塩」で味をつけるとは、どのようなことでしょう。
[A] 材料を塩水に浸す
[B] 材料に塩をごく薄くふりかける
[C] 材料に和紙をかぶせた上から塩をふる

## Q16 日本料理　　　　　　　　　　　　　　答

日本酒を燗にするとき、一般的な「上燗(じょうかん)」の温度帯は次のうちどれでしょう。
[A] 32℃前後　　[B] 45℃前後　　[C] 58℃前後

## 2級模擬問題

### Q17 日本料理
「大名おろし」という魚のおろし方がありますが、次のうち、このおろし方には向かない魚を選びなさい。
[A]ヒラメ　[B]キス　[C]サバ

答

### Q18 日本料理
魚の半身を血合いから背身と腹身に分けることを一般に何というでしょう。
[A]節取り　[B]作分け　[C]血合い分け

答

### Q19 日本料理
ダイコンやニンジンを薄く帯状にむくことを「かつらむき」といいますが、語源として有力な説は次のうちどれでしょう。
[A]桂川の水の流れに似ている
[B]桂女が被る布に似ている
[C]つる草のかずらのように長い

答

### Q20 日本料理
エビをまっすぐにゆで上げるために打つ串を何というでしょう。
[A]のし串　[B]のぼり串　[C]ひら串

答

### Q21 日本料理
煮物や和え物を盛りつけたとき、最後にユズの皮や木の芽をのせることを何というでしょう。
[A]上げ盛り　[B]天井盛り　[C]天盛り

答

### Q22 日本料理
焼き物の「磁器」の産地として有名な地域はどこでしょう。
[A]兵庫県丹波　[B]佐賀県有田　[C]愛知県常滑

答

## Q23 日本料理　　答

「突き出し」「お通し」「通し肴」と同じ意味合いの献立名はどれでしょう。
[A] 前菜　[B] しのぎ　[C] 強肴（しいざかな）

## Q24 日本料理　　答

「鰻の蒲焼き」の語源になったといわれている植物は、次のうちどれでしょう。
[A] よし　[B] あし　[C] がま

## Q25 日本料理　　答

「海老の利休揚げ」、「鶏肉の南部焼き」という料理がありますが、「利休」や「南部」とつけば、どんな材料を使うでしょう。
[A] 胡麻（ごま）　[B] 胡椒（こしょう）　[C] 山椒（さんしょう）

## Q26 日本料理　　答

豆腐の「奴切り（やっこ）」とはどのような切り方でしょう。
[A] 細切り　[B] 角切り　[C] 薄切り

## Q27 日本料理　　答

「おだまき蒸し」に必ず入っている食材は何ですか。
[A] うどん　[B] カマボコ　[C] シイタケ

## Q28 日本料理　　答

正月のおせち料理の中にある「田作り」の材料は何でしょう。
[A] ニシンの幼魚の煮干し
[B] イワシの幼魚の煮干し
[C] イワシの幼魚の素干し

## 2級模擬問題

**Q29** 日本料理　　　　　　　　　　　　　　　　　答

石川の「加賀料理」には、鴨肉に小麦粉などのデンプンをまぶして煮る有名な料理がありますが、それは次のうちどれでしょう。
[A] 治部煮（じぶ）　[B] 源助煮（げんすけ）　[C] 利家煮（としいえ）

**Q30** 日本料理　　　　　　　　　　　　　　　　　答

「卓袱料理（しっぽく）」は、何県の料理として有名ですか。
[A] 沖縄県　[B] 長崎県　[C] 佐賀県

**Q31** 西洋料理　　　　　　　　　　　　　　　　　答

「ローストビーフ」は、もともとどこの国の料理でしょう。
[A] アメリカ　[B] オーストラリア　[C] イギリス

**Q32** 西洋料理　　　　　　　　　　　　　　　　　答

「マカロニグラタン」などに使うホワイトソースをフランス語で何といいますか。
[A] ソース・ベシャメル
[B] ソース・アメリケーヌ
[C] ソース・ドゥミグラス

**Q33** 西洋料理　　　　　　　　　　　　　　　　　答

肉料理のソースのベースになる「フォン・ド・ヴォ（fond de veau）」のフォンとは、どんな意味でしょう。
[A] 骨　[B] だし汁　[C] 香り

**Q34** 西洋料理　　　　　　　　　　　　　　　　　答

「ブイヤベース（Bouillabaisse）」は、フランスのどの地方の料理でしょう。
[A] ブルターニュ　[B] アルザス　[C] プロヴァンス

## Q35 西洋料理

世界的に有名な赤ワインのロマネ゠コンティは、どの地方のワインでしょうか。
[A] ボルドー　[B] ブルゴーニュ　[C] シャンパーニュ

## Q36 西洋料理

サフランは、花のどの部分を乾燥させたスパイスでしょうか。
[A] おしべ　[B] めしべ　[C] 花びら

## Q37 西洋料理

冷たいポタージュ「ヴィシソワーズ（Vichyssoise）」に使う野菜は、次のうちどれでしょう。
[A] グリンピース　[B] カリフラワー　[C] ジャガイモ

## Q38 西洋料理

フォワ・グラ（foie gras）の「グラ」はフランス語で脂がのったという意味ですが、「フォワ」は何という意味でしょう。
[A] 肥大　[B] ガチョウ　[C] 肝臓

## Q39 西洋料理

「タルト・タタン（Tarte Tatin）」といえば、どんな果物を使ったタルトでしょうか。
[A] モモ　[B] リンゴ　[C] オレンジ

## Q40 西洋料理

「田舎」という名前がついたフランスのパンはどれでしょう。
[A] パン・ド・カンパーニュ　[B] ブリオッシュ　[C] バゲット

## Q41　西洋料理　　　　　　　　　　　　　　　　　　答

甲殻類から作る、フランス料理の赤いソースは何ですか。
［A］ソース・ドゥミグラス
［B］ソース・アメリケーヌ
［C］ソース・エスパニョール

## Q42　西洋料理　　　　　　　　　　　　　　　　　　答

「ポトフ（Pot-au-feu）」の作り方で、正しいものを選びなさい。
［A］水からゆっくり煮込む
［B］熱湯から急いで煮込む
［C］絶えずグラグラ煮立たせる

## Q43　西洋料理　　　　　　　　　　　　　　　　　　答

イタリア語でトマトはポモドーロ（pomodoro）といいますが、その語源は何でしょう。
［A］金のブドウ　［B］金のトマト　［C］金のリンゴ

## Q44　西洋料理　　　　　　　　　　　　　　　　　　答

「カルパッチョ（Carpaccio）」という料理名は、ある人物の名前からとったものです。その人はどんな職業だったでしょう。
［A］料理人　［B］建築家　［C］画家

## Q45　西洋料理　　　　　　　　　　　　　　　　　　答

「ジェノヴァ風ペスト（Pesto genovese）」と呼ばれるソースに使う香草はどれでしょう。
［A］パセリ　［B］バジリコ　［C］オレガノ

## Q46 西洋料理
オリーブ油はオリーブの何からとったものでしょう。
[A] 種　[B] 葉　[C] 果実

答

## Q47 西洋料理
「リゾット(**Risotto**)」に使うだし汁は、米に対してどれくらい必要でしょう。
[A] 米と同量　[B] 米の約2倍　[C] 米の約4倍

答

## Q48 西洋料理
イタリアでは数少ない青カビタイプのチーズ(ブルーチーズ)ですが、その代表格といえばどれでしょう。
[A] リコッタ　[B] ゴルゴンゾーラ　[C] ペコリーノ

答

## Q49 西洋料理
「ボローニャ風ソース」と呼ばれているのは、次のうちどれでしょう。
[A] バジリコ・ソース　[B] トマト・ソース　[C] ミート・ソース

答

## Q50 西洋料理
「ミラノ風カツレツ」には、次のうちどの肉を使うでしょう。
[A] 子豚　[B] 子羊　[C] 子牛

答

## Q51 西洋料理
マスカルポーネ・チーズを使うイタリアの有名なデザートは何でしょう。
[A] パンナ・コッタ
[B] ティラミス
[C] マチェドニア

答

## Q52　西洋料理　　　　　　　　　　　　　　　　　答

ジャガイモを使った生地を団子状に成形したパスタの仲間はどれでしょう。
［A］ラザーニャ　［B］カネロニ　［C］ニョッキ

## Q53　西洋料理　　　　　　　　　　　　　　　　　答

バルサミコ酢（aceto balsamico）は何の果汁を煮詰めて造るのでしょう。
［A］メロン　［B］モモ　［C］ブドウ

## Q54　西洋料理　　　　　　　　　　　　　　　　　答

トマト、バジリコ、モッツァレッラ・チーズをのせたピッツァ（Pizza）の名前は何というでしょう。
［A］ピッツァ・マリナーラ
［B］ピッツァ・マルゲリータ
［C］ピッツァ・ナポレターナ

## Q55　西洋料理　　　　　　　　　　　　　　　　　答

イタリア料理のフルコースで、前菜は何と呼ばれるでしょう。
［A］アンティパスト　［B］プリモ・ピアット　［C］セコンド・ピアット

## Q56　中国料理　　　　　　　　　　　　　　　　　答

香港の海鮮料理では活魚を姿のまま蒸した「清蒸魚（チンチョンユイ）」が欠かせません。新鮮な魚を蒸籠で蒸す場合、正しい方法は次のうちどれでしょう。
［A］弱火でゆっくりと蒸す
［B］蓋をずらして中火で蒸す
［C］強火で一気に蒸す

## Q57　中国料理　　　　　　　　　　　　　　　　　答

中国で最も多く飲まれているお茶の種類はどれでしょう。
［A］烏龍茶　［B］緑茶　［C］紅茶

## Q58 中国料理　　　答

豚の角煮のルーツといわれる中国料理は次のうちどれでしょう。
[A] 古老肉(グゥラオロウ)　[B] 東坡肉(トンポーロウ)　[C] 回鍋肉(ホェイグオロウ)

## Q59 中国料理　　　答

中国料理では「五目そば」、「五目野菜炒め」など、料理名に「五目」の字を当てることがありますが、この五目を表す中国語はどれでしょう。
[A] 一品(イーピン)　[B] 百花(バイホワ)　[C] 什錦(シーチン)

## Q60 中国料理　　　答

四川省生まれの「担担麺(タンタンミェン)(タンタン麺)」とは、本来どんな麺料理なのでしょうか。
[A] 焼きそば　[B] 煮込みそば　[C] 和えそば

## Q61 中国料理　　　答

酢豚(すぶた)など中国料理では甘酢をよく使いますが、次のうち、甘酢の基本となる味の配合で正しいものを選びなさい。
[A] 酸味・甘味・塩味
[B] 酸味・甘味・辛味
[C] 酸味・甘味・苦味

## Q62 中国料理　　　答

中国の点心でよく知られている「肉まん」、「アンまん」などを総称して、中国語で何というでしょうか。
[A] 饅頭(マントウ)　[B] 包子(バオヅ)　[C] 餃子(ヂャオヅ)

## Q63 中国料理　　　　　　　　　　　　　　　　答

中国で最高級の宴席料理として知られる「満漢全席（満漢席）」が出現した時代の王朝は、次のうちどれでしょうか。
［A］元朝　［B］明朝　［C］清朝

## Q64 中国料理　　　　　　　　　　　　　　　　答

中国原産の果物、荔枝を好んだことで有名な女性は、次のうち誰でしょう。
［A］西施　［B］楊貴妃　［C］虞美人

## Q65 中国料理　　　　　　　　　　　　　　　　答

客として招かれたとき、中国料理のマナーとして好ましくないことはどれでしょう。
［A］器を手で持ち上げて食べる
［B］自分の箸で取り分ける
［C］だされた料理を少し残す

## Q66 中国料理　　　　　　　　　　　　　　　　答

中国の点心のひとつ、シューマイを示す中国語として間違っているのはどれでしょう。
［A］焼売　［B］焼餅　［C］焼麦

## Q67 中国料理　　　　　　　　　　　　　　　　答

中国で鍋料理を意味する言葉はどれでしょうか。
［A］火鍋（フオグオ）　［B］沙鍋（シャーグオ）　［C］汽鍋（チーグオ）

## Q68 中国料理　　　　　　　　　　　　　　　　答

中国料理の高級食材、海ツバメの巣の主な産地はどこでしょう。
［A］オーストラリア　［B］アフリカ　［C］東南アジア

**Q69** アジア料理　　　　　　　　　　　　　答

タイ料理のスープ「トム・ヤム・クン」の「トム」は煮る、「ヤム」は混ぜるという意味です。では、「クン」の意味は何でしょう。
[A] レモングラス　[B] エビ　[C] トウガラシ

**Q70** アジア料理　　　　　　　　　　　　　答

トウガラシ粉、もち米、麹などから作る、韓国のトウガラシ味噌といわれる調味料は何でしょう。
[A] カンジャン　[B] テンジャン　[C] コチュジャン

**Q71** 野菜　　　　　　　　　　　　　　　　答

アスパラガスの旬とされているのは、次のどれでしょう。
[A] 秋から冬　[B] 春から初夏　[C] 夏から秋

**Q72** 野菜　　　　　　　　　　　　　　　　答

山形名産の枝豆はどれでしょう。
[A] ユウナヨ　[B] ダダチャ豆　[C] 紫ずきん

**Q73** 野菜　　　　　　　　　　　　　　　　答

カブは春の七草のひとつに数えられていますが、次のうちカブを表しているものはどれでしょう。
[A] ナズナ　[B] スズナ　[C] スズシロ

**Q74** 野菜　　　　　　　　　　　　　　　　答

カボチャの仲間は次のうちどれでしょう。
[A] ゴーヤー　[B] トウガン　[C] ズッキーニ

## 2級模擬問題

**Q75** 野菜　　　　　　　　　　　　　　　　　　　答

カリフラワーで主に食用とするのは、植物でいうとどの部分でしょう。
[A] 花托（かたく）　[B] 花弁（かべん）　[C] 花蕾（からい）

**Q76** 野菜　　　　　　　　　　　　　　　　　　　答

サツマイモの別名として使われているのはどれでしょう。
[A] 甘藷（かんしょ）　[B] 自然薯（じねんじょ）　[C] 馬鈴薯（ばれいしょ）

**Q77** 野菜　　　　　　　　　　　　　　　　　　　答

エンドウの若芽を何というでしょう。
[A] 幼苗（ようびょう）　[B] 豆苗（とうみょう）　[C] 種苗（しゅびょう）

**Q78** 野菜　　　　　　　　　　　　　　　　　　　答

次のゴボウの中で根の長い品種はどれでしょう。
[A] 滝野川ゴボウ　[B] 堀川ゴボウ　[C] 大浦ゴボウ

**Q79** 野菜　　　　　　　　　　　　　　　　　　　答

コマツナとホウレンソウを比べた説明で、間違っているのはどれでしょう。
[A] コマツナのほうが鮮度が落ちやすい
[B] コマツナのほうがアクが少ない
[C] コマツナのほうがカルシウムが少ない

**Q80** 野菜　　　　　　　　　　　　　　　　　　　答

インゲンの中で実際に存在しないものはどれでしょう。
[A] ドジョウインゲン　[B] ウナギインゲン　[C] サーベルインゲン

**Q81** 野菜　　　　　　　　　　　　　　　　　　　答

シュンギクの旬はどれでしょう。
[A] 春　[B] 夏　[C] 冬

### Q82 野菜　　　　　　　　　　　　　　　　　　答

ショウガの繁殖用に使われる、前年に収穫されたものを何と呼ぶでしょう。
[A] ジュクセイショウガ　[B] ヒネショウガ　[C] モトショウガ

### Q83 野菜　　　　　　　　　　　　　　　　　　答

市場で最も多く出回るトウモロコシはどれでしょう。
[A] スイートコーン　[B] ポップコーン　[C] ヤングコーン

### Q84 野菜　　　　　　　　　　　　　　　　　　答

日本で一番多く流通しているセロリの種類はどれでしょう。
[A] 黄色種　[B] 緑色種　[C] 中間種

### Q85 野菜　　　　　　　　　　　　　　　　　　答

次の中でソラ豆の漢字表記でないのはどれでしょう。
[A] 空豆　[B] 蚕豆　[C] 花豆

### Q86 野菜　　　　　　　　　　　　　　　　　　答

チンゲンサイの仲間でない野菜はどれでしょう。
[A] パクチョイ　[B] チコリ　[C] タアサイ

### Q87 野菜　　　　　　　　　　　　　　　　　　答

ニラを軟白栽培したものは何と呼ばれるでしょう。
[A] 花ニラ　[B] 黄ニラ　[C] 青ニラ

### Q88 野菜　　　　　　　　　　　　　　　　　　答

ニンニクの成分で殺菌効果があるとされるものは何でしょう。
[A] インドメタシン　[B] ナイアシン　[C] アリイン

## Q89 野菜
フキの漢字表記として使われているのはどれでしょう。
[A]萱　[B]蕗　[C]薹

## Q90 野菜
ブロッコリーと同じキャベツの仲間でないものは、次のうちどれでしょう。
[A]葉ボタン　[B]コールラビ　[C]レタス

## Q91 野菜
糸ミツバの別名はどれでしょう。
[A]白ミツバ　[B]黄ミツバ　[C]青ミツバ

## Q92 野菜
ヤマノイモの旬とされるのは、次のうちどれでしょう。
[A]冬　[B]春　[C]夏

## Q93 野菜
レンコンは何の植物の地下茎でしょう。
[A]茗荷（みょうが）　[B]蓮芋（はすいも）　[C]蓮（はす）

## Q94 キノコ
広葉樹などのおがくずに栄養源を加えて育てるシイタケ栽培法を、何と呼ぶでしょうか。
[A]菌耕栽培（きんこうさいばい）　[B]菌床栽培（きんしょうさいばい）　[C]菌養栽培（きんようさいばい）

## Q95 キノコ
マッシュルームのことをフランスでは何と呼ぶでしょう。
[A]ポルチーニ　[B]シャンピニョン　[C]エリンギ

## Q96 果物　　　　　　　　　　　　　　　答

赤いイチゴは、植物でいうとどの部分を食べているのでしょう。
[A] 花蕾（からい）　[B] 花弁（かべん）　[C] 花托（かたく）

## Q97 果物　　　　　　　　　　　　　　　答

スイカの英語名は次のどれでしょう。
[A] ビッグメロン　[B] スイートメロン　[C] ウオーターメロン

## Q98 果物　　　　　　　　　　　　　　　答

メロンの王様で知られるマスクメロンは、その栽培方法から何メロンと呼ばれているでしょう。
[A] ハウスメロン　[B] 温室メロン　[C] 露地メロン

## Q99 野菜　　　　　　　　　　　　　　　答

ワケギの旬は、次のうちどれでしょう。
[A] 夏から秋　[B] 冬から春　[C] 周年

## Q100 野菜　　　　　　　　　　　　　　答

福井県の名産で、三年子（ねんご）のラッキョウを甘酢漬けにしたものを何というでしょう。
[A] 山らっきょ　[B] 甘らっきょ　[C] 花らっきょ

## Q101 野菜　　　　　　　　　　　　　　答

ニガウリの標準和名は、次のうちどれでしょう。
[A] ツルムラサキ　[B] ツルレイシ　[C] ツルニチソウ

2級模擬問題

## Q102 野菜
オクラはそのさやの断面などが似ているところから、別名何と呼ばれているでしょう。
[A] オカレンコン　[B] ナツナガイモ　[C] ヘチマモドキ

答

## Q103 野菜
春、最初に顔をだすタケノコの品種は、次のどれでしょう。
[A] 真竹（まだけ）　[B] 孟宗竹（もうそうちく）　[C] 淡竹（はちく）

答

## Q104 野菜
スプラウトとして利用されないものは、次のどれでしょう。
[A] ブロッコリー　[B] アスパラガス　[C] 大豆

答

## Q105 魚介
産卵を終えた時期のタイは、何と呼ばれているでしょう。
[A] 落ちダイ　[B] 麦わらダイ　[C] 稲穂ダイ

答

## Q106 魚介
通称本マグロと呼ばれているのは、次のどれでしょう。
[A] トロマグロ　[B] カジキマグロ　[C] 黒マグロ

答

## Q107 魚介
初ガツオおよび戻りガツオについて、次のうち正しいものはどれでしょう。
[A] 初ガツオのほうが脂がのっている
[B] 戻りガツオのほうが脂がのっている
[C] 脂ののりは両方同じ

答

## Q108 魚介
棒(ぼう)ダラの説明で正しいのはどれでしょう。
[A] マダラを素干しにしたもの
[B] マダラを棒状におろして冷凍したもの
[C] 北国の郷土料理の名前

答

## Q109 魚介
次の中で俗に出世魚と呼ばれていないものはどれでしょう。
[A] ボラ　[B] タイ　[C] スズキ

答

## Q110 魚介
眼の位置によるヒラメとカレイの一般的な見分け方で、正しいのはどれでしょう。
[A] ヒラメは右側に眼がある
[B] ヒラメは中央に眼がある
[C] ヒラメは左側に眼がある

答

## Q111 魚介
サワラの正しい漢字表記はどれでしょう。
[A] 鰍　[B] 鮗　[C] 鰆

答

## Q112 魚介
旬を迎えたイサキの呼び方で、正しくないものはどれでしょう。
[A] 桜イサキ　[B] 麦わらイサキ　[C] 梅雨イサキ

答

## Q113 魚介
アユが持つ別名として誤っているのはどれでしょう。
[A] 香魚　[B] 爽魚　[C] 年魚

答

2級模擬問題

**Q114** 魚介　　　　　　　　　　　　　　　　答

ホタテ貝は次のどの種類に属するでしょう。
［A］一枚貝　［B］二枚貝　［C］巻き貝

**Q115** 魚介　　　　　　　　　　　　　　　　答

ヤドカリの仲間とされているものは、次のうちどれでしょう。
［A］タラバガニ　［B］ズワイガニ　［C］ケガニ

**Q116** 魚介　　　　　　　　　　　　　　　　答

夏が旬の牡蠣で、夏牡蠣とも呼ばれているものはどれでしょう。
［A］真牡蠣　［B］浜牡蠣　［C］岩牡蠣

**Q117** 肉　　　　　　　　　　　　　　　　　答

合鴨とは一般的に真鴨と何との交配種だといわれているでしょう。
［A］キジ　［B］ニワトリ　［C］アヒル

**Q118** 肉　　　　　　　　　　　　　　　　　答

生後1年未満の羊の肉を何と呼ぶでしょう。
［A］ラム　［B］マトン　［C］ジンギスカン

**Q119** 加工品　　　　　　　　　　　　　　　答

日本で流通量の多いバターの種類は、次のうちどれでしょう。
［A］発酵バター　［B］マーガリン　［C］非発酵バター

**Q120** 調味料　　　　　　　　　　　　　　　答

日本のウスターソース類は何の違いによって3種に区分されているでしょう。
［A］酸度　［B］糖度　［C］粘度

23

第 2 部

# 2級模擬問題の正解と解説

# Q01 日本料理

「松花堂弁当」は今や有名弁当のひとつですが、その誕生のきっかけになった人物は誰でしょう。

- [A] 千利休
- [B] 中沼昭乗
- [C] 尾形光琳

解説

　中沼昭乗は、江戸初期の僧で書画家でもありました。晩年を現在の京都府八幡市にある男山で過ごしましたが、自らの方丈（小さくて簡素な家）を松花堂と名づけたことから、松花堂昭乗と名乗るようになったようです。昭乗の愛用品に、農家の種入れ（仕切り箱）をヒントに作られたであろう箱がありました。たばこ盆、絵の具入れ、小物入れ……何に使ったのかははっきりしませんが、田の字形に仕切られた真四角のこの箱が松花堂弁当の原形です。

　松花堂弁当は正式には「松花堂好み縁高」といいます。この中に盛り込まれるのは、通称「点心」と呼ばれる簡素にまとめられた懐石。椀物をつけることが基本です。

　弁当といえば、江戸中期の画家、尾形光琳の逸話が有名です。あるとき花見に行った光琳は、人々が豪華な弁当を競い合う中、粗末な竹の皮に包んだにぎり飯を持参して、失笑を買ったといいます。ところが、食べ終えた光琳が何気なくこの竹の皮を目の前の川に流すと、内側があらわとなり、そこには金箔が張られ、見事な蒔絵が描かれていました。一同は「さすがは光琳」と感服したそうです。

正解 ☞  B

# Q02 日本料理

吸い物、汁物の中に「潮汁」というものがありますが、どんな調味をしますか。

- [A] 魚介類から出た旨味に塩味をつける
- [B] 魚介類から出た旨味に醤油味をつける
- [C] 魚介類から出た旨味に味噌味をつける

 解説

潮汁は、その昔、海水で魚を煮出したことがはじまりとされます。タイ、アマダイ、ハマグリなど魚のアラや貝類の持ち味を引き出してだしをとり、塩のみで調味するため、素材の鮮度が味の決め手。P154で「鯛の潮汁」の作り方の一例を紹介していますが、ポイントは適度な塩加減と、霜ふりにした後に水の中でとり残したウロコや血の塊、表面のぬめりなどをしっかりと除くことにあります。また、ハマグリで作る場合は、塩水で砂出しをした後、すぐに煮るのではなく、ザルに引き上げてしばらくおき、殻の中に含んでいる塩水を自然に吐き出させることがおいしい潮汁を作る秘訣です。

大阪の有名な郷土料理に船場汁があります。もともと大阪の商家で働く人たちの惣菜で、塩サバとダイコンで作った具だくさんの潮汁のこと。安価で簡単なうえ、これだけでご飯のおかずにもなるとは、いかにも商人の町にふさわしい合理的な料理です。ちなみに船場汁には、早く贅沢な料理が食べられるように努力しなさい、という激励の意味が込められていたそうです。

# Q03 日本料理

**寿司屋で「ひかりもの」と呼ばれる魚は、次のうちどれでしょう。**

[A] タイやヒラメ
[B] マグロやカツオ
[C] コハダや小アジ

 解説

　寿司屋の腕前は「ひかりもの」を食べれば分かるといいます。そもそも「ひかりもの」は、塩と酢で下処理をする場合が多く、その塩梅(塩加減、酢加減)の良し悪しで腕前をはかるといわれます。「ひかりもの」というのは、主としてコハダ、アジ、サバ、イワシ、サンマなどの背の青い魚を指すのですが、キスやサヨリなど皮目※の光った魚を含めることもあります。中でもコハダは、寿司における「ひかりもの」の代表格。大きさによってシンコ→コハダ→コノシロのように名前を変える出世魚なので、縁起物として重宝されたようです。

　大阪寿司のひとつに、バッテラといういうものがあります。サバの箱寿司として有名ですが、もとは開いたコハダやコノシロを使っていました。1尾をそのまま押し寿司にした形がボート(小舟)に似ているところから、bateira(ポルトガル語でボートの意)といわれ、これが語源となったようです。

※皮目　魚や肉類などの皮側のこと。

正解  C

# Q04 日本料理

蒸して加熱調理したご飯のことを何といいますか。

[A] 強飯
[B] 姫飯
[C] 干飯

### 解説

　米を炊く方法には大きく2種類あります。ひとつは水で炊く方法。このご飯を姫飯（ひめいい）や堅粥（かたがゆ）といいます。2つめは、米を蒸し器で蒸す方法。こちらは強飯（こわいい）といいます。後にもち米に小豆などを加えて蒸したものを強飯というようになったようで、これが「おこわ」の語源とか。また、干飯（ほしいい）は、飯を乾燥させた保存食で、過酷な戦（いくさ）や旅に携行し、水や湯に浸すなどして食べていました。

　おこわの代表格といえば赤飯。ルーツは、神様に供えた赤米のおさがりをいただいたことにあるようです。米の品種改良が進み、収穫高が増えると、旨い白米が主流になりました。しかし、赤い飯（赤色）は邪気祓い（ばらい）になるとして食べる風習が残り、白米を赤色に染めて赤飯にするようになったのです。

　赤飯の作り方の一例をP156で紹介していますが、一般的にもち米は小豆のゆで汁に浸して色づけします。しかし、小豆は皮が割れやすく縁起がよくないと、皮のかたいササゲを用いることもあります。赤飯に南天（なんてん）を添えるのは、「難を転じる」という言葉に通じることからの習わし。やがて吉事（祝い事）には、南天を添えた赤飯が欠かせないものとなったようです。

正解 ☞  A

# Q05 日本料理

「牡蠣(かき)の土手鍋」はどのような味つけで煮込んだ鍋物のことですか。

[A] 牡蠣をすき焼き味で煮込んだ鍋物
[B] 牡蠣を味噌味で煮込んだ鍋物
[C] 牡蠣をネギと塩味で煮込んだ鍋物

解説

牡蠣の土手鍋（P157参照）は、鍋肌に味噌を堤防の土手のように塗りつけ、真ん中にだし汁と材料を入れて味噌の土手を崩すように溶き、くつくつとゆるやかに煮ながらいただきます。このことから土手鍋といわれたという説がありますが、そのほか、語源には諸説あります。

その昔、広島で育てられた牡蠣は、船で多く大阪に運ばれていました。もともとは輸送の目的で船を使っていましたが、やがて持ち込んだ牡蠣をその船中で調理して食べさせるようになり、これが評判に。晩秋から正月明けまで大阪で営業し、これを牡蠣船と呼んでいました。牡蠣船は大阪ではいつも川の土手に停泊して営業したので、いつしか土手鍋と名がついたともいわれます。また、小さな船の席数が限られているため、待ちきれない客が土手で鍋を食べたその光景に由来するという説もあります。

牡蠣の土手鍋には、味噌に調味料を加えて加熱した練り味噌を使うのが一般的ですが、使用する味噌の種類はさまざまで、甘い味の白味噌と辛い味の赤味噌を混ぜ合わせて使うことが多いようです。

正解 ☞ B

# Q06　日本料理

そばは一般的に「三立て」がよいとされますが、次のうち三立てに含まれないのはどれでしょう。

[A] 摘み立て
[B] 挽き立て
[C] 打ち立て

解説

　生そばをおいしく食べる要素が3つあり、「挽き立て、打ち立て、ゆで立て」の三立てといわれます。このことからも分かるように、そばは時間との勝負がおいしさの決め手です。

　通常そばは、そばの実を挽いた粉で打ちますが、実のどの部分の粉を使うかによって分類され、一般的には次のようにいわれます。

　更科そばは、殻をむいたそばの実を軽く挽き、子葉やへたを取り除いて大きく割れたものだけをさらに軽く挽いた精製度の高い「更科粉」で打ったそばです。色が白く、ほのかな甘味と香りがあるのが特徴。更科そばという呼び名は、長野県更科（更級）地方でできるそばが良質だとして有名であったことから名づけられたようです。

　また、田舎そばは、そばの実全体を殻ごと粉砕した挽きぐるみ（全層粉）を使って打つため、色はやや黒め。更科そばより風味が強いのが魅力です。それぞれのそば打ちには、「花粉」（製粉のとき最初に出る粘りの少ない白い粉）を打ち粉として使用します。

　一般に二八そばというのが有名ですが、これはそば粉8に対し、つなぎの小麦粉2の割合で打ったものです。

正解　☞　 A

# Q07 日本料理

一般的に「魚の水洗い」とはどんなことですか。

[A] ウロコ、内臓を取り、すぐに調理できる状態にする
[B] 生の魚を熱湯に通し、ウロコや血液を水で洗い流す
[C] おろした魚の身を、しばらく流水にさらす

## 解説

「水洗い」とは、料理に合わせて材料の不要な部分を除き、すぐに調理にかかれる状態にすることで、魚介類についていいます。

魚の水洗いの一般的な手順は、まずウロコを除きます。大半の魚に向く方法は「ばら引き」で、出刃包丁かウロコ引きで、魚の尾から頭に向かってウロコをこそげ取ります。ウロコがバラバラに取れるので、この名があります。身のやわらかい魚やウロコがしっかりついている魚に向くのは「すき引き」で、尾から頭に向かって包丁で一枚の皮のようにウロコだけをすき取る方法です。

エラと内臓を取り除き、冷水でよく洗って水分を十分に拭き取ったら水洗いは終了。冷水で洗うときは鮮度が落ちないよう手早く作業します。魚はエラや内臓から鮮度が落ちるので、店では仕入れた魚介類を急いで水洗いします。

ひと口に水洗いといっても、料理法によって、処理が異なります。例えば、アジを刺身にするなら不要な頭を落として内臓をだしますが、姿焼き、姿煮にするなら頭をつけたまま口やエラぶたから内臓を抜いたり(つぼ抜き)、盛りつけて裏になる側の脇腹を切って内臓を抜いたり(隠し包丁)します。

正解 ☞ A

# Q08

日本料理

煮魚や焼き魚をするとき、皮目に軽く切り込みを入れることがありますが、これを何といいますか。

[A] 切り掛け切り
[B] 化粧包丁
[C] だまし切り

### 解説

　皮のかたい魚などを食べやすくしたり、焼いたときに思わぬ方向に身がはじけたりしないよう、あらかじめ皮目に切り込みを入れることを「化粧包丁（飾り包丁）」といいます。魚の場合、表になる身の皮目に包丁を入れますが、火が通ると皮が縮み、包丁を入れた部分が広がって見栄えがよくなります。
　「切り掛け切り」は、皮目に1～2カ所切り込みを入れながら切る「切り掛け造り」の手法です。皮つきの刺身を食べやすくしたり、つけ醤油が十分つきやすくしたりするのに用います。「だまし切り」は、巻きたての巻き寿司のようにやわらかく崩れやすいものを切るのに用います。表面に軽く切り込みを入れ、包丁の峰を軽くたたいて一気に切り離す方法です。
　また、切るための包丁も、西洋や中国では両刃包丁を主として使いますが、日本料理は片側だけに切り刃のついた片刃包丁を多く用います（P148参照）。両刃より片刃のほうが材料を細かく刻むことに有利であり、薄く切ったり、むいたりしやすく、切り口も鋭くきれいに仕上がるためです。切り口の美しさまで尊ぶ日本料理ならではのこだわりといえるでしょう。

正解　☞　B

# Q09

日本料理

江戸時代、代表的な3つの珍味とされていたのは、肥前の「からすみ」、尾張の「このわた」と、もうひとつは何ですか。

[A] 能登の「なまこ」
[B] 越前の「塩うに」
[C] 土佐の「酒盗（しゅとう）」

## 解説

　江戸時代、珍味の中で特にもてはやされたのが肥前（現・長崎県）の「からすみ」、尾張（現・愛知県）の「このわた」、越前（現・福井県）の「塩うに」だったようです。カラスミは、ボラの卵巣を塩漬けし、重しをかけながら干したものです。名前の由来は、唐の国（中国）から伝わった墨に形が似ていたことから。また、ボラだけでなく、サバやサワラの卵巣を使ったカラスミもあります。

　「このわた」は、ナマコの腸を塩辛にしたもの。「塩うに」はウニの卵巣や精巣を塩漬けにしたものです。

　このほか、日本には多くの珍味があります。例えば、寿司のルーツといわれる琵琶湖の「鮒（ふな）ずし」。カツオの内臓を塩辛にした土佐名物の「酒盗」は、酒を盗んででも食べたくなるほど旨いといわれ、この名がついたとか。アユの内臓を塩辛にした「うるか」、サケの腎臓の塩辛の「めふん」も珍味好きには喜ばれる逸品です。「かにうに」という珍味はウニとはいうものの、カニの卵巣の塩辛で、別名「かに子漬け」ともいいます。

正解 ☞ B

## Q10 日本料理

茶の湯の席で、お茶をおいしくいただくために供される簡素な食事を何といいますか。

[A] 懐石
[B] 会席
[C] 本膳

### 解説

　「懐石」という言葉は、禅僧が寒さと空腹をしのぐため、温石（おんじゃく）を懐に入れたことに由来します。石の温もりと同様、わずかに空腹をしのげるくらいの料理という意味から名づけられたようです。安土桃山時代、千利休によって茶道の形式が確立され、懐石は完成しました。空腹で濃いお茶（抹茶）を飲むと胃に重く感じるので、軽い食事を先にとり、抹茶をいただきます。この食事のことを懐石といいます。

　一方、「会席」とはもともと俳諧や連歌を楽しむ会のことで、ここでだされた酒肴（しゅこう）が本格的になり、でき上がった料理が会席料理です。当初、会席で供された料理は、それまでの本膳料理（室町時代に武家の礼法のもと確立した儀式料理）や懐石の影響を受けていましたが、やがて形式にとらわれない、自由で実質本位の料理となりました。

　また江戸時代後期は、料理屋文化の最盛期。その中で会席料理は酒菜中心で、最後にご飯を供す形へと変化しました。現在の料亭では、一品ずつだされる「食い切り料理」が主流となっています。

正解 ☞ **A**

## Q11 日本料理

「まながつお西京焼き」とは、どんな味噌を使った焼き物ですか。

[A] 赤味噌
[B] 八丁味噌
[C] 白味噌

### 解説

「西京」とは、京都を意味します。京都の味噌は、甘味の強い白味噌が有名なので、これを通称「西京味噌」といいます。白味噌仕立ての味噌汁は別名「西京仕立て」とも呼ばれています。

マナガツオは、西日本で多くとれる白身魚で、きめ細かくてやわらかな身質が特徴。味噌漬けにして風味を移し、弱火でじっくり焼き上げると、とても上品な味わいになります。

では、マナガツオの味噌漬けの作り方を紹介しましょう。マナガツオは水分が多く、少しクセもあるので、切り身に薄く塩をしてしばらくおき、塩の脱水作用で水分やクセをとります。白味噌に酒とみりんを加えて味噌床を作り、切り身を漬け込みます。約3日で漬かりますが、毎日一度は身を取り出して味噌床をかき混ぜることが味を均一にするポイントです。焼くときは身の表面についた味噌を丁寧に拭き取り、焦げやすいので必ず弱火で、焼き色をつけて焼き上げます。マナガツオ以外でもサケ、銀ダラ、キンキなどの魚、牛肉や鶏肉も味噌漬けに向きます。

正解 ☞ C

## Q12　日本料理

「たたき木の芽」とはどのようなものですか。

[A] 木の芽を葉と葉柄に分けること
[B] 手のひらで木の芽をたたき、粘りをだしたもの
[C] 包丁の刃でたたくようにして細かく刻んだ木の芽のこと

### 解説

　一般的に「木の芽」とは山椒（さんしょう）の若芽のことを指します。最近はハウス栽培などの普及で年中出回っていますが、本来の旬は初春から初夏。椀物の吸い口※、和え物や煮物に香りや季節感を添えるためなどに用います。「たたき木の芽」は、木の芽を包丁でたたくようにして細かく刻み、香りを高めたもの。タレ焼きの魚や野菜などに散らします。また、味噌と合わせた「木の芽味噌」は、タケノコや豆腐の田楽味噌としても活躍します。木の芽は、葉柄がかたい場合は、葉だけを摘み取って料理の上から散らすこともあります。
　山椒はミカン科の植物で、葉、花、実がそれぞれ独特のさわやかな芳香や辛味を持ちます。初夏のわずかな期間に出回る「花山椒」は、薄味で煮たり、酢漬けにしたりして保存すると、焼き物の付け合わせ、和え物などに重宝。完熟した実山椒（粒山椒）は、チリメンジャコや昆布などと醤油煮にすると風味がよくなります。「鈴山椒」（割り山椒）は、はじけた実山椒を乾燥させたもの。これを粉状にしたものが「粉山椒」です。

※吸い口　椀物に添える香りのもの。

正解　☞　C

# Q13　日本料理

「温泉卵」を作るときの適切な温度帯は、次のうちどれでしょう。

・・・・・・・・・・・・・・・・・・・・・・・・・・・・・・・・・・

[A] 58〜60℃
[B] 65〜70℃
[C] 86〜88℃

### 解説

　卵を殻ごと湯に入れると、卵黄は65〜70℃で、卵白は70〜80℃でかたまります。この温度差を利用したのが温泉卵です。作り方は簡単。卵をあらかじめ室温に戻します。65〜70℃の湯に卵を浸して、用途に応じて多少時間は異なりますが約20〜30分おきます。
　「温泉卵」といわれるのは、65〜70℃の温泉が自然に湧き出しているところに卵を浸しておくだけでできるため。温泉卵は泉質によって風味が変わるので、旅館などの朝食にだされることが多いのです。
　温泉卵は、そのまま器に割り入れて調味しただしをかけたり、卵黄だけを味噌漬けにしたりして食べます。また、冷たい麺のつけだしと合わせるのもいいでしょう。別名「温度卵」というのは、卵黄と卵白の凝固温度の違いを利用して作るところに由来します。
　江戸時代に出版された料理本『万宝料理秘密箱』の「卵の部」(通称「卵百珍」)には、卵料理が100種類以上も掲載されています。金糸卵や卵素麺など今でも耳にするものも多くありますが、中には、卵黄と卵白が入れ替わる「黄身返し」という珍しい調理法も紹介されています。

正解　☞　B

# Q14　日本料理

秋田県の「しょっつる鍋」に使う、特産品の「しょっつる」とは何でしょう。

・・・・・・・・・・・・・・・・・・・・・・・・・・・・・・・・

[A] 主としてイカを酢漬けし、発酵させた調味料
[B] 主としてアワビを味噌漬けし、発酵させた調味料
[C] 主としてハタハタを塩漬けし、発酵させた調味料

### 解説

　魚介類を塩漬けし、熟成させて作るのが魚醤(ぎょしょう)です。「しょっつる」は主としてハタハタを原料とした魚醤で、「塩汁(しおじる)」がなまって「しょっつる」と呼ばれるようになったようです。また、同じ魚醤としてイワシやイカから作る奥能登地方の「いしる(いしり)」も有名です。
　魚醤は塩分が強く、風味も独特ですから、醤油のように万能ではありません。そのため、魚の煮付けや豚の角煮などの隠し味として使うとよいでしょう。そのほか、魚介類や野菜をふんだんに用いた鍋物の風味づけや、炒め物の隠し味としても利用されます。また、魚や肉の照り焼きのタレにほんの少し加えるというのも手です。
　また、魚醤ではありませんが、類似したものにムロアジなどで作った「くさや(汁)」があります。これに浸して作る干物が伊豆諸島の特産品として有名ですが、独特のにおいがあるので、持ち歩くにも調理をするにも手ごわい代物です。
　魚醤は日本特有の調味料ではありません。タイの「ナンプラー」やベトナムの「ニョクマム」は日本でもよく知られています。

正解　☞　C

# Q15 日本料理

材料に「たて塩」で味をつけるとは、どのようなことでしょう。

............................................

[A] 材料を塩水に浸す
[B] 材料に塩をごく薄くふりかける
[C] 材料に和紙をかぶせた上から塩をふる

### 解説

「たて塩」は、基本的に海水程度、約3％濃度の塩水のこと。昆布を加えてさらに旨味をプラスすることもあります。ふり塩では薄く均一に塩味をつけるのが難しい小さな魚や身の薄い魚、細切り野菜などに塩味をつけるために、たて塩に浸します。また、タイを姿焼きにするときなど、表面だけでなく身の中までほどよい塩味を浸透させたい場合も、たて塩に浸すと適度に水分が抜けて味がつきます。

「ふり塩」は、材料に塩味をつけるために最も多く用いられる方法で、塩の分量によって、「ごく薄塩」「薄塩」「強塩」に分けられます。材料の大きさ、種類、鮮度、調理法によって使い分けます。湿らせた和紙をかぶせて上から薄く塩をふる方法は「紙塩」といいます。白身魚や貝類にごく薄い塩味をつけた造りにする際に用いる方法です。同じ魚でもサバ、アジなどの水分や脂の多い背の青い魚には、身の全体に塩をまぶしつける「まぶし塩（べた塩）」という方法を用います。

塩を上手にふりかけるには、軽く煎るなどして水分を飛ばし、さらさらの状態にしておくことが必要です。

正解 ☞ **A**

# Q16

日本料理

日本酒を燗にするとき、一般的な「上燗（じょうかん）」の温度帯は次のうちどれでしょう。

[A] 32℃前後
[B] 45℃前後
[C] 58℃前後

### 解説

　日本酒は米を原料とする醸造酒で、清酒ともいいます。原料米や製法により、本醸造、純米酒、吟醸酒などの特定名称酒と普通酒に分けられます。

　燗酒は温度によって呼び名が変わります。一般的には次のように分けられます。30℃前後は「日向燗（ひなたかん）」、35℃前後は「人肌燗（ひとはだかん）」、40℃前後は「ぬる燗」。このように低めの温度帯の燗は、吟醸酒や純米酒向きとされています。一方、45℃前後は「上燗」、50℃前後は「熱燗（あつかん）」、55℃以上は「飛びきり燗」などといわれ、一般的に本醸造や普通酒が適しているとされます。ただ、これらの酒は万人向きなので、適温帯が広く、「ひや」でも燗でもその味わいの変化を楽しめます。ちなみに、ひやは室温（常温）程度のことです。

　平安時代にはすでに金属製の容器で酒を温めて飲んでいたようですが、現在と同様の燗をするようになったのは、江戸時代後期ごろといわれます。暖房器具が十分になかった時代に、燗酒は暖をとるのに簡単な方法だったようです。また、江戸時代の庶民の酒は味が濃く、水で薄めていたようで、ひやでは飲みすぎるため燗をしてゆっくり飲むようになったともいわれます。

正解　☞　**B**

# Q17 日本料理

「大名おろし」という魚のおろし方がありますが、次のうち、このおろし方には向かない魚を選びなさい。

[A] ヒラメ
[B] キス
[C] サバ

## 解説

　水洗いをした魚は料理に応じておろしますが、魚の形状、身質、骨の形などによっておろし方は異なります。中骨から切り離された身はすべて上身（じょうみ）といいます。P148で図解していますが、基本のおろし方には、腹身と背身が一枚のままの上身と、中骨のついた身に切り分ける「二枚おろし」、さらに中骨から上身を切り離した「三枚おろし」があります。身を傷めないよう手早くおろした上身は、身に水分がつかないように必ず皮を下にしておきます。

　大名おろしは、サバのように身が厚くてやわらかく身割れしやすい魚や、キスやサヨリなど細長い小魚に用います。包丁を中骨の上に沿わせ、頭側から尾側に向かって一気におろす方法ですが、中骨に身が残りやすく、贅沢（ぜいたく）だということから、大名おろしと名がついたようです。

　ヒラメなど身が薄くて平たく幅が広い魚は、身の中央に切り込みを入れてから、腹身と背身に分け、上身四枚と中骨におろす「五枚おろし」にするのが一般的です。同じ要領でおろしても、マグロやカツオなど身が厚く、丸みのある魚の場合は、「節おろし」と名称が変わります。

正解 ☞ A

# Q18　日本料理

魚の半身を血合いから背身と腹身に分けることを一般に何というでしょう。

[A] 節取(ふしど)り
[B] 作分(さくわ)け
[C] 血合(ちあ)い分(わ)け

### 解説

　一般的に魚を刺身にするときは、おろした魚の片身から腹骨を薄くそぎ取り、「節取り」という作業をします。P150で図解しているように、節取りは血合いの部分から背身と腹身に切り分けること。ブリやマグロなど大型の魚は節取りしてもまだ大きいので、さらに背身と腹身をそれぞれ刺身にしやすい大きさに切り分ける「作取り」をします。作取りは「木取り」とも呼ばれます。これは、丸木を用途別に切り分ける作業に類似することから名づけられたようです。また、小アジやイワシなどの小さな魚は、節取りをすると身が細くなりすぎるので、血合い骨だけを抜いて用います。

　魚を刺身に切ることを「造(作)る」といいます。「刺」という字を忌(い)んで、刺身を「作り」ともいうようになり、これに「造」の字を当てるようになったとか。また、瀬戸内海に近い関西地方では、白身魚が豊富にとれるので、薄切りの身を花形や鳥形に盛りつけたり、船盛りや姿盛りに造作したりしたことから、「造り」と表現したという説もあります。ちなみに、刺身という言葉は、盛りつけた魚の種類が分かるよう、その魚のヒレを刺して供したことに由来するようです。

正解　☞　A

# Q19　日本料理

ダイコンやニンジンを薄く帯状にむくことを「かつらむき」といいますが、語源として有力な説は次のうちどれでしょう。

[A] 桂川の水の流れに似ている
[B] 桂女が被る布に似ている
[C] つる草のかずらのように長い

**解説**

桂女はその昔、桂の里（現在の京都市西京区桂川西岸地域）から来てアユや飴などを京の町で売り歩いたことで知られています。頭に桂包という白く長い布を巻いていました。この白い布に、帯状に薄く長くむいたダイコンが似ていることから、この切り方を「桂むき（P151参照）」と呼ぶようになったそうです。

刺身にあしらう「けん」は、桂むきした野菜を細切りにしたもの。繊維に沿って切ると「縦けん」、繊維に直角に切ると「横けん」と呼ばれます。冷蔵庫のなかった時代、夏場は竹ザルにダイコンのけんを敷きつめ、その上に魚の身をのせて涼しい場所に保管していました。このとき、けんは魚の鮮度を保つのに役立ったといわれています。

桂むきは、キュウリやウド、カボチャなどでもできます。ウドやニンジンを桂むきにし、斜めに細く切って水にさらし、螺旋状にした「よりウド」「よりニンジン」（P151参照）は、刺身のつまに。カブの桂むきは甘酢漬けにすることが多く、これを端から巻いて焼き魚のあしらいにしたり、スモークサーモンなどを芯にして巻いて酢の物としたりもします。

正解　☞　B

# Q20　日本料理

エビをまっすぐにゆで上げるために打つ串を何というでしょう。

[A] のし串
[B] のぼり串
[C] ひら串

### 解説

　「のし串」とは、火を通すと変形する素材を、まっすぐゆでたり、焼いたりするため竹串や金串を打つ方法です。イカなどの材料をひらがなの「のし」の字のような形に打つ串のことも同様にいいますが、こちらは「わらび串」とも呼ばれます。エビにのし串をする場合、串は腹側の殻と身の間に、尾のほうへ向かって打ちます。にぎり寿司のゆでエビは、腹に切り込みを入れて広げますが、これはまっすぐにゆでているからこそできる仕事なのです。
　家庭では、串を打つという仕事をすることは少ないでしょうが、料理人が焼き物をするとき、多くは串を打ちます。これは、材料を扱いやすくし、焼き上がりの形を美しくする重要な作業です。
　P152で図解していますが、串の打ち方は数種類あります。「のぼり串」は一本串とも呼ばれ、アユなどの小さい魚を姿焼きにするときに用います。焼き上がった姿が、魚が尾をはねて踊っているように見えるので、「踊り串」ともいいます。「ひら串」は、材料が小さく、ほぼ同じ大きさのものに、やや末広または平行に2本の串を打つ方法。魚の切り身でも小さめのものに用います。

正解　☞　**A**

## Q21 日本料理

煮物や和え物を盛りつけたとき、最後にユズの皮や木の芽をのせることを何というでしょう。

[A] 上げ盛り
[B] 天井盛り
[C] 天盛り

### 解説

「天盛り」とは、煮物や和え物などの料理の一番上に季節の香味野菜や味や香りのアクセントとなる食材などを少量のせることをいいます。これには、季節感を添えるだけでなく、味と香りのバランスや料理の色合いを引き立てる役目があります。

天盛りにする材料は季節や料理によって変わりますが、代表的なものには、春の木の芽（山椒の若芽）、春夏の青ユズ、秋冬の黄ユズのほか、ワサビ、ショウガ、ネギ、芽ジソなどがあります。これらを細かく刻んだり、適量まとめたりしてのせます。細切りの海苔、煎った松の実、細く削ったカツオ節などもよく用います。

また、天盛りには別の役目もあります。でき上がった料理を運ぶのに時間がかかったり、乱暴に扱ったりすると、天盛りの形が崩れたり、中心部からはずれたりしてしまいます。お客さん側から料理を見たときに、天盛りがきれいな形で提供されているのは、「盛りつけてすぐなので今が一番おいしいときですよ」という調理場からのメッセージだと理解してよいでしょう。

正解 ☞ C

# Q22

日本料理

焼き物の「磁器」の産地として有名な地域はどこでしょう。

[A] 兵庫県丹波
[B] 佐賀県有田
[C] 愛知県常滑

### 解説

　一般に陶磁器とは、原料の粘土や珪石、長石などを素地にして成形し、高熱で焼いた焼き物の総称です。素地の配合、焼き上げる温度、工程の違いなどから、陶器、炻器、磁器に分かれます。

　一般に成形した素地を素焼きした後、釉薬をかけて焼いたものを陶器といい、厚手のものが多く、見た目にやわらかく、温かい感じがします。貫入と呼ばれるひびが、比較的目立つのが特徴。岐阜県の美濃焼き、山口県の萩焼きなどがよく知られています。

　炻器は、素地を長時間かけて石のようにかたく焼いたもので、焼き締めともいいます。吸水性が少なく、不透明で、多くの場合釉薬はかけませんが、燃料の薪の成分が釉薬の代わりになります。岡山県の備前焼きが有名です。

　磁器は、焼き上げの温度が高く薄手。一般に石物と呼ばれ、ガラス質を多く含み、透明感があります。繊細で涼しげなものが多く、たたくと金属音がします。佐賀県の有田焼きや石川県の九谷焼きなどが有名です。熟した美しい柿の色を生み出すのに苦労したことで有名な酒井田柿右衛門は、江戸時代初期の有田の陶工です。

正解　☞　B

## Q23 日本料理

「突き出し」「お通し」「通し肴」と同じ意味合いの献立名はどれでしょう。

・・・・・・・・・・・・・・・・・・・・・・・・・・・・・・

[A] 前菜
[B] しのぎ
[C] 強肴（しいざかな）

### 解説

　「突き出し」「お通し」「通し肴」は注文した料理が出るまでのつなぎとしてだす少量の酒肴（しゅこう）のこと。つまり、「お客さまの注文は間違いなく調理場に"お通し"しましたよ」という印です。同義の献立名として、「先付け」「前菜」などがあります。これらは本来、会席料理などのコース仕立ての最初にだす酒肴のことです。

　また、現代の日本料理の「前菜」というと、五種盛り、七種盛りなど品数も多く、盛りつけも華やか。手の込んだ料理も取り入れられているようです。

　似たような献立名として「しのぎ」や「強肴（しいざかな）」があります。しのぎは本来、少量のご飯のことを指します。つまり、「虫養い（むしやしない）」のことで、いっときの空腹を"しのぐ"ことから名づけられました。現在ではコースの中盤でだす、少量のご飯物や口直し的な料理に用いられます。強肴は、懐石で献立以外の料理を供する場合に用いる言葉。一種の追加料理なので、料理法の決まりは特にありません。

正解　☞　**A**

# Q24

日本料理

「鰻の蒲焼き」の語源になったといわれている植物は、次のうちどれでしょう。

[A] よし
[B] あし
[C] がま

### 解説

　昔、ウナギは開かずに、丸ごとか筒切りで、縦に串を打って焼いていました。この形状が蒲（別名「かば」）の穂に似ているため、「蒲焼き」と呼ばれるようになったようです。また、焼いた香りが速(疾)く人の鼻に入るので「香疾」とも表現され、これが変化して「蒲焼き」になったという説もあります。
　ウナギを割く技術は江戸時代に発達し、関西では腹開き、関東では背開きが定着しました。商家の多い関西では、腹を割って商談するというところから腹開きになったようです。逆に、武家社会が発達した関東では、腹を割くことが「切腹」を連想させるので、背開きになったといわれています。

　焼き方にも東西で違いがあります。関西は地焼きといい、頭をつけたまま開いて金串を打ち、焦げ目がつくまで焼いた後、タレを何度もかけて焼き上げます。一方、関東では、開いたウナギの頭を落とし、半分に切って竹串を打ち、素焼き（白焼き）にします。これを一度蒸し、最後にタレをつけて焼き上げます。必然的に、関西風は脂の旨味がたっぷり味わえ、関東風は蒸すことで余分な脂が落ち、あっさりとやわらかく仕上がります。

正解 ☞ C

# Q25 日本料理

「海老の利休揚げ」、「鶏肉の南部焼き」という料理がありますが、「利休」や「南部」とつけば、どんな材料を使うでしょう。

[A] 胡麻（ごま）
[B] 胡椒（こしょう）
[C] 山椒（さんしょう）

## 解説

「利休」の名称は、茶人の千利休がゴマを好んで料理に使ったことに由来するようです。また、利休が信楽（しがらき）の陶工に作らせた利休信楽という茶道具の肌にある小さな白石がゴマに似ているからという説もあります。献立の中では「利休」を「利久」とも書きますが、これは「休」が忌み言葉でもあるので、同音の「久」で代用したからのようです。

ちなみに、ゴマを「する」ことを「当たる」といいますが、お金を使い果たすという意味の「する」と発音が同じなので、調理用語では反対の意味の当たるという言葉を使います。「すり鉢」は「当たり鉢」、スルメを焼いた酒肴（しゅこう）を「あたりめ」と呼ぶのも、縁起をかつい

でのことです。

一方、「南部」とは、南部氏の旧領地、青森、岩手辺りのこと。この地方が有名なゴマの産地だったので、料理名に南部とつけばゴマを使った料理のことです。また、当たりゴマを加えたタレをかけて焼くと、全体に白っぽくなるので、これを「九十九焼き」（つくもやき）とも呼びます。「百」の字から「一」を取ると「白」になり、これを計算式にすると100－1＝99となるからです。

正解 ☞ A

# Q26 日本料理

豆腐の「奴切り(やっこぎり)」とはどのような切り方でしょう。

・・・・・・・・・・・・・・・・・・・・・・・・・・・・・・・

[A] 細切り
[B] 角切り
[C] 薄切り

## 解説

　奴とは、江戸時代、武家に仕える者のことで、「家つ子(やっこ)」が語源とされます。日常の雑用をするほか、行列の先頭に立って槍(やり)や挟み箱などを持ってふり歩くなどの役目があります。奴が着る半纏(はんてん)には「釘抜紋(くぎぬきもん)」と呼ばれる大きな四角形の紋所がよく使われていました。この形から4～5cmの立方体に切ることを「奴に切る」と表現するようになり、奴豆腐と呼ばれるようになったようです。

　冷たくしていただく奴豆腐は「冷奴」、温く煮たものは「煮奴」や「湯奴」と呼ばれます。湯豆腐は、昆布を入れて水を張った鍋に四角く切った豆腐を加え、温まったところを食べる鍋料理。豆腐は外側がしっかりと熱く、中心はやっと温かくなったときがおいしく食べごろなので、ちょうど奴切りの大きさが理想的です。また、煮る火加減は、鍋中の豆腐がゆっくりと動く程度がいいとされています。

　ちなみに、「さいのめ切り」というのは約1cm角のさいころ状に切ることで、さらに細かく約5mm角に切ることは「あられ切り」といいます。

正解 ☞ B

# Q27 日本料理

「おだまき蒸し」に必ず入っている食材は何ですか。

[A] うどん
[B] カマボコ
[C] シイタケ

## 解説

　うどんの入った茶碗蒸しを「おだまき蒸し」といいます。おだまきは「苧環」と書き、つむいだ麻の糸を中が空洞になるように丸く巻きつけたもののこと。うどんを苧環のように見立てることから名づけられました。料理名では「小田巻き」と書くことが多いようです。ほかの具としては、鶏肉、エビ、アナゴ、カマボコ、シイタケ、ミツバなどを好みで用います。

　おだまき蒸しのように、蒸し物の中に入れる材料で料理名が決まるものには、そばを入れた「信州蒸し」、栗を入れた「丹波蒸し」、タイの頭を丸ごと使った「かぶと蒸し」、豆腐を加えた「南禅寺蒸し」などがあります。

　蒸し物調理の長所としては、何よりも熱く提供できることで、寒い冬場には最適です。また、水蒸気で加熱するので、材料の持ち味を逃がさず、形も崩すことなく仕上げられます。ただ、このことは、加熱中に材料のクセやアクを取り除くことができないという短所でもあります。煮物や焼き物は加熱中にクセやアクなどを取り除くことも可能ですが、蒸し物はそれが難しいので、材料の鮮度が問われるほか、下処理が重要です。

正解　☞　A

# Q28

日本料理

正月のおせち料理の中にある「田作り」の材料は何でしょう。

[A] ニシンの幼魚の煮干し
[B] イワシの幼魚の煮干し
[C] イワシの幼魚の素干し

### 解説

「田作り」は、片口イワシの幼魚の素干しを弱火で煎り、醤油や砂糖などを煮詰めたタレにからめたもの。その名前は、かつて田畑の高級肥料として片口イワシを使ったことに由来しているようです。田作りは別名「ごまめ」ともいいます。「五万米」という字を当てることもあり、五穀豊穣（ごこくほうじょう）を祈願する縁起物として食べられてきました。

田作りは、おせち料理には欠かせない存在です。このほか、たたきゴボウは強壮や開運を願って盛り込まれます。黒豆は無病息災を願い、まめに暮らせるようにとの意味合いがあります。数の子はニシンの卵で、市販品は塩漬けにしたものと干したものがあり、卵の数が多いことから子孫繁栄を願います。

おせち料理のルーツは「節供（せちく）」です。これは厄よけ、無病息災、豊作、大漁などを願った節目ごとの行事に供した食べ物。つまり、ひな祭りや端午の節句などの食べ物はすべておせちなのですが、いつしか正月料理だけをおせち料理と呼ぶようになったようです。

正解　C

## Q29 日本料理

石川の「加賀料理」には、鴨肉に小麦粉などのデンプンをまぶして煮る有名な料理がありますが、それは次のうちどれでしょう。

[A] 治部煮（じぶ）
[B] 源助煮（げんすけ）
[C] 利家煮（としいえ）

### 解説

　石川県の加賀地方には「坂網猟法」という鴨猟が、江戸時代から現在まで受け継がれています。越冬のためシベリアから飛来した鴨は、脂が良質で野趣ある味。「治部煮」は、この天然の鴨肉をそぎ切りにして小麦粉やそば粉などをまぶし、酒、みりん、醤油などで調味した煮汁で煮たもので、生麩の一種であるすだれ麩やネギ、セリなどを加え、おろしワサビを添えます。鴨肉に粉をまぶすのは、旨味を閉じ込めると同時に、汁にとろみをつけて温かさを保つため。料理名の由来には、豊臣秀吉の兵糧奉行だった岡部治部右衛門の考案説、材料を煮る音が"じぶじぶ"と聞こえたという説などさまざまあるようです。

　加賀地方は、やわらかく煮くずれしにくい「源助大根」、葉裏が紫色で、ゆでると粘りが出る「金時草」など地元産の野菜（加賀野菜）が豊富。日本海の海産物にも恵まれた食材の宝庫です。この好環境のもと、治部煮をはじめ、加賀レンコンを使った「はす蒸し」、タイにおからを詰めて蒸した「鯛の唐蒸し」など独特な料理が育まれてきました。これらの郷土の味は、現在、加賀料理と呼ばれています。

正解　☞　**A**

# Q30　日本料理

「卓袱(しっぽく)料理」は、何県の料理として有名ですか。

[A] 沖縄県
[B] 長崎県
[C] 佐賀県

### 解説

　江戸時代、鎖国によって中国、オランダ、朝鮮との交易は長崎に限られていたため、当時、この街には多くの中国人が生活していました。そんな中、日本と中国の食文化が融合して生まれたのが卓袱料理です。一説には、オランダの影響も受けたとされます。

　卓袱の本来の意味は、中国風の食卓を覆う布のこと。転じて、食卓を指すようになりました。この食卓に大皿に盛った料理を所狭しと並べ、各人が取り分けて食べるという卓袱料理ならではのスタイルは、銘々膳(めいめいぜん)の習慣を持つ日本人には、さぞや新鮮に映ったことでしょう。

　卓袱料理の宴会では、最初に「御鰭(おひれ)」と呼ばれるタイの胸ビレの入った吸い物が配られます。この後は大皿料理を好きなようにいただきますが、最後は「梅椀」と呼ばれる汁粉(しるこ)で締めるのが通例です。

　卓袱料理でよく知られているのは、豚の角煮。「東坡煮(とうばに)」とも呼ばれ、豚まんの皮のような蒸しパンとともに食べます。また、エビのすり身を挟んだパンの揚げ物「蝦多士(はとし)」も有名です。

正解　☞　B

# Q31 西洋料理

「ローストビーフ」は、もともとどこの国の料理でしょう。

[A] アメリカ
[B] オーストラリア
[C] イギリス

### 解説

　イギリス生まれのローストビーフは、牛肉を塊(かたまり)のまま直火であぶったり、オーブンでローストしたりして作る豪快な料理。P158で作り方の一例を紹介していますが、本場では数種の添え物がつきます。粉と卵と牛乳を混ぜてローストビーフの焼き油を加え、オーブンで焼いたヨークシャープディング、ローストポテトやゆでたニンジン、青野菜など。また、ホースラディッシュ（西洋ワサビ）のソースと、肉汁から作るグレーヴィーソースも欠かせません。
　イギリスには日曜の昼、教会帰りに家族や知人が集まってローストビーフを食べる習慣がありました。切り分けるのはお父さんの仕事です。肉が残ると次の日に、コールドビーフやコッテージパイ※などにして食べていました。
　イギリスのドライ・ジン「BEEFEATER(ビーフィーター)」は、赤い服を着たおじさんのラベルで知られています。彼らはロンドン塔の守衛兼案内人。昔、給料の一部が牛肉で支給されたことから「牛肉食らい(beefeater)(ビーフィーター)←(beef+eater)(ビーフ　イーター)」と呼ばれたとか。イギリス人はそれほど牛肉好きなのです。

※コッテージパイ　挽き肉とタマネギなどを炒めて調味し、マッシュポテトをのせて焼き上げたイギリスの伝統料理。

正解　C

# Q32 西洋料理

「マカロニグラタン」などに使うホワイトソースをフランス語で何といいますか。

[A] ソース・ベシャメル
[B] ソース・アメリケーヌ
[C] ソース・ドゥミグラス

## 解説

　ルイ14世時代の「ベシャメイユ侯爵」の名にちなんでつけられたソース・ベシャメル。日本ではホワイトソースと呼ばれ、クリームコロッケやグラタンには欠かせません。

　バターと小麦粉でルーを作り、牛乳でのばすだけと、ベシャメル作りは意外と簡単。では、白くなめらかに仕上げるコツを紹介しましょう。まず鍋にバターを溶かし、同量の小麦粉をふるってから一度に加えます。急速に沸騰させるとダマになるため、火からはずしてから木杓子でよく混ぜるとよいでしょう。再び火にかけ、焦がさないようゆっくり炒めます。ルー全体がなめらかになれば粉気がとれた証拠です。

　次に、鍋ごと冷やしたルーに、沸騰させた牛乳を加えますが、ここが重要。どちらも熱い状態だとダマになるので注意しましょう。牛乳をルーの鍋に入れ、泡立て器でよく混ぜると、牛乳の熱でルーが溶け、濃度が増してくるので、ここではじめて火にかけます。鍋底が焦げないよう、火加減を調整し、よく混ぜながら5分ほど軽く煮ます。塩、コショウで味を調えて漉したら完成。すぐ使わないときは、表面に膜が張らないようラップをかけておきましょう。

正解 ☞ A

# Q33 西洋料理

肉料理のソースのベースになる「フォン・ド・ヴォ（fond de veau）」のフォンとは、どんな意味でしょう。

[A] 骨
[B] だし汁
[C] 香り

### 解説

　フォン（fond）はだし汁、ヴォ（veau）は子牛。フォン・ド・ヴォは、子牛の肉と骨、香味野菜を焼いたり炒めたりして色づけ、水から煮込んでとる茶色いフォンのこと。フランス料理では大半の肉料理のソースのベースになります。①骨や肉の全体をこんがり焼く。②アクをしっかりとる。③グラグラ煮込まず、静かに沸騰させる。④濁らないよう丁寧に漉す。これらを守れば、質のいいフォン・ド・ヴォがとれるでしょう。

　フランス料理には、さまざまなだし汁があります。フォン・ド・ヴォライユ（fond de volaille）は、鶏ガラや香味野菜、水でとる白いだし汁。魚料理に使われるフュメ・ド・ポワソン（fumet de poisson）は、魚のアラ、香味野菜を白ワイン、水で短時間煮出したもの。秋から登場するジビエ（猟鳥獣）料理にはフォン・ド・ジビエ（fond de gibier）。鹿や野鴨などの骨やくず肉を焼き、フォン・ド・ヴォと同じようにとります。

　フォンをどろりとした状態になるまで長時間煮詰めたものをグラス（glace）といいます。コクと旨味を与えるため仕上げに使いますが、よく用いるのは、フォン・ド・ヴォを煮詰めたグラス・ド・ヴィアンド（glace de viande）です。

正解　☞　B

## Q34 西洋料理

「ブイヤベース（Bouillabaisse）」は、フランスのどの地方の料理でしょう。

[A] ブルターニュ
[B] アルザス
[C] プロヴァンス

### 解説

　ブイヤベース（P160参照）は、南仏のプロヴァンス地方の名物料理。特にマルセイユ風は有名です。もとは地中海の漁師料理で、市場にだせないような小魚を使っていました。語源はbouillir（沸騰する）とabaisser（下げる）ですが、これは、まず強火で煮て沸騰したら弱火にし、魚にゆっくり火を通すという調理のコツを表しています。
　ブイヤベースにつきものなのが、アイヨリやルイユ、ガーリックトースト。アイヨリは、ニンニクとオリーブ油で作ったマヨネーズのようなもの。フランス語でサビという意味のルイユは、ニンニクと赤トウガラシをつぶし、オリーブ油を加えて作ります。サビのような赤色に仕上がるので、この名がつきました。
　プロヴァンス地方は温暖な気候に恵まれた地域です。トマト、ナス、ズッキーニなどを使った野菜の煮込み「ラタトゥイユ」、「ニース風サラダ」ほか、個性的な料理が豊富にあります。また、オリーブやアンチョビーなどを刻んで作るペースト「タプナード」も有名。ちなみに、料理でプロヴァンス風（à la provençale）といえば、トマト、ニンニク、オリーブ油をふんだんに使います。

正解 ☞ C

## Q35 西洋料理

世界的に有名な赤ワインのロマネ＝コンティは、どの地方のワインでしょうか。

[A] ボルドー
[B] ブルゴーニュ
[C] シャンパーニュ

**解説**

　フランスワインの２大産地といえば、大西洋側のボルドーと、中央部よりやや東に位置するブルゴーニュ。どちらも特に赤ワインで有名です。一概には言えませんが、繊細で優雅に熟成するボルドー産は女性的、どっしりと肉厚なブルゴーニュ産は男性的とされています。けれども、ボトルの形は逆で、ボルドーは「いかり肩」、ブルゴーニュは「なで肩」のものを使います。この形状は、アメリカやチリなどニューワールドのワインにもあてはまり、ボルドーと同じブドウ品種で造られたワインには「いかり肩」のボトルを、ブルゴーニュタイプには「なで肩」を使うことが多いようです。

　ブルゴーニュ生まれのロマネ＝コンティは、通常の年で6000〜7000本しか造られない希少なワイン。「黄金の丘（コート・ドール）」の一部であるコート・ド・ニュイ地区で産出されます。その昔、その畑の所有権をめぐり、ルイ15世の寵姫であるポンパドゥール夫人とコンティ公が争ったという逸話があります。勝った公は、この逸品の出荷をやめてしまい、そのため当時、ロマネ＝コンティはコンティ公の私邸でしか飲めなかったそうです。

正解　☞　**B**

## Q36 西洋料理

サフランは、花のどの部分を乾燥させたスパイスでしょうか。

・・・・・・・・・・・・・・・・・・・・・・・・・・・・・・・・

[A] おしべ
[B] めしべ
[C] 花びら

### 解説

　サフランは、アヤメ科サフランのめしべの乾燥品。1つの花から3本しかとれないため、1kgとるのに10万本以上の花が必要という高価なスパイスです。日本でも明治の後半から盛んに作られていました。

　サフランは地中海沿岸で多く栽培されており、南仏のブイヤベース、ミラノ風リゾットには欠かせません。中でも有名なのは、スペイン東部バレンシア生まれの米料理、パエリア。料理名の由来となった浅い両手鍋パエリェーラに、野菜、鶏肉、魚介類などの具とサフラン、米を入れ、だし汁で煮ていきます。最後に水分を飛ばし、鍋底にうっすらおこげができるよう仕上げるとよいでしょう。独特の豊かな香り、鮮やかな黄色は、サフランのなせる技。使う前にオーブンで乾かして揉むと、香りと色が一層強くなります。

　パエリアがアメリカへ渡り、ルイジアナの料理として定着したのが「ジャンバラヤ」です。この料理名は、ハムを使うことが多いため、フランス語でハムを表すjambon（ジャンボン）に由来するともいわれています。また、この名の歌はハンク・ウィリアムス作で、カーペンターズがカバーして有名になりました。

正解 ☞ B

# Q37 西洋料理

冷たいポタージュ「ヴィシソワーズ（Vichyssoise）」に使う野菜は、次のうちどれでしょう。

・・・・・・・・・・・・・・・・・・・・・・・・・・・

[A] グリンピース
[B] カリフラワー
[C] ジャガイモ

## 解説

ヴィシソワーズ（P161参照）の語源となったVichy(ヴィシー)は、ミネラルウオーターや温泉で有名なフランス中央部の町の名です。ところが、なんとこの料理、実はアメリカ生まれ。1917年、ニューヨークの旧リッツカールトンホテルのフランス人シェフ、ルイ・ディアが考案しました。幼少のころ、彼の母親はジャガイモのスープが残ると、翌日それに牛乳を加えて冷たいスープにしたそうです。このおふくろの味がヒントとなって誕生したポタージュを、故郷の近くの保養地ヴィシーにちなんで「ヴィシソワーズ」と名づけたのです。

フランスではジャガイモ料理によく「パルマンティエ」という名がつけられます。フランスの農学者アントワーヌ・オーギュスタン・パルマンティエのことで、フランスにおいてジャガイモの栽培と需要を拡大した功労者です。グリンピースのポタージュは「サン＝ジェルマン」。一説に、ルイ16世の軍務大臣であったサン＝ジェルマン伯爵が考えたともいわれています。カリフラワーのポタージュ「デュバリー」は、ルイ15世の愛妾デュ・バリー伯爵夫人にちなんでいるようです。

正解 ☞ C

# Q38 西洋料理

フォワ・グラ（foie gras）の「グラ」はフランス語で脂がのったという意味ですが、「フォワ」は何という意味でしょう。

[A] 肥大
[B] ガチョウ
[C] 肝臓

### 解説

　フォワ・グラの直訳は「脂ののった肝臓」ですが、一般的にガチョウまたは鴨を強制的に太らせ、肥大させた肝臓のことをいいます。こうした強制肥育はガヴァージュといい、古代ローマではすでに行われていたそうです。まず、ガチョウや鴨に運動をさせて体力をつけてから、トウモロコシなどの餌を1日数回無理やり与えます。これにより、ガチョウの場合は通常なら100〜180gの肝臓が700〜900gほどになるといいます。

　ガチョウのフォワ・グラは、鴨に比べて風味が穏やかです。鴨のほうは、口溶けはいいものの、火を通すと脂が溶け出しやすい性質があります。もともとフォワ・グラはガチョウが主でしたが、丈夫で肥育に向く鴨の生産が増加。その一方で、動物愛護の観点から虐待とみなされ、ここ数年、生産を中止するところもあるようです。

　フランスの主な生産地はガスコーニュ、ペリゴール地方などの南西部。同じペリゴールでとれる高級キノコのトリュフとの相性は抜群です。また、型に詰めて火を通すテリーヌ、パイ生地で包んで焼くパテなどは昔からのオードブルの定番です。

正解　C

## Q39 西洋料理

「タルト・タタン（Tarte Tatin）」といえば、どんな果物を使ったタルトでしょうか。

[A] モモ
[B] リンゴ
[C] オレンジ

### 解説

タルト・タタンといえば、焼き上げてから裏返しにした姿がトレードマーク。20世紀のはじめ、ソローニュ地方ラモット＝ブヴロンでホテルを経営していたタタン姉妹の名とともに有名になったタルトです。この姉妹がタルトを焼いているとき、間違ってひっくり返し、これがケガの功名となって誕生したという話がまことしやかに伝わっていますが、このように逆さまにして焼くタルトはソローニュ地方に昔からあったようです。

簡単に作り方を紹介すると、まず、リンゴの皮をむいて芯を取り、大きめに切ります。バター、砂糖、バニラで炒め、オーブンでやわらかくなるまで煮ます。一度冷ましてからパイをかぶせ、再びオーブンで焼きます。パイが焼けたら皿の上にひっくり返して抜き、好みでホイップクリームを添えて完成。リンゴは、酸味が強く、果肉がしっかりとしていて加熱に向く、「国光（こっこう）」や「紅玉（こうぎょく）」などの品種を選ぶといいでしょう。フランスでは、秋に出回るレネット種を使います。ジャガイモのようにかたいリンゴですが、煮くずれせず、火が通るとうっすらとピンク色になります。

正解 ☞ B

## Q40 西洋料理

「田舎」という名前がついたフランスのパンはどれでしょう。

[A] パン・ド・カンパーニュ
[B] ブリオッシュ
[C] バゲット

### 解説

フランス語で「田舎のパン」という意味のパン・ド・カンパーニュ。都会人が田舎にあこがれて、田舎のパンに似せて作ったパンだそうです。生地にライ麦粉を配合したり、自家製酵母で作った種や発酵種を入れたりして独特の風味を作ります。丸を基本にさまざまな形がありますが、パンの表面の格子模様と香ばしさは、これぞフランスのパンという感じです。生地の目はふぞろいですが詰まっていて、ずっしりと重く、日持ちがするのも特徴。薄く切って軽くトーストにすると、なんともいえない香りと酸味があります。素朴で郷愁を覚える食味です。

ブリオッシュは、バターと卵がたっぷり入ったやわらかな口あたりのパン。17世紀のはじめ、ノルマンディー地方で作られたといわれています。棒、杖という意味のバゲットは細長いフランスパンです。表面積が広く、パリパリとした香ばしい皮が魅力。このほか、棒状のパンは太さや長さによってパリジャン、バタール、フルートと呼び名もさまざまです。

正解 ☞ A

# Q41 西洋料理

甲殻類から作る、フランス料理の赤いソースは何ですか。

[A] ソース・ドゥミグラス
[B] ソース・アメリケーヌ
[C] ソース・エスパニョール

## 解説

ソース・アメリケーヌ（アメリカ風のソースの意）は、魚介料理の代表的なソースのひとつ。もとは「オマールエビの煮込み、アメリカ風」という料理があり、そのソースだけが独立しました。1860年ごろ、アメリカ帰りの料理人ピエール・フレスがパリに開いたレストラン『ピーターズ』で生まれた料理といわれています。

主素材は甲殻類の殻で、オマールエビ、車エビ、ザリガニ、ワタリガニなどさまざまな素材が使えますが、どの甲殻類を使うかによって味わいは異なります。まず、鍋にサラダ油を煙が出るくらい熱し、ぶつ切りにした甲殻類の殻を強火で炒めます。これで香ばしさが加わり、臭みも抜けます。タマネギ、セロリなどの香味野菜とトマト、バター、コニャック、フュメ・ド・ポワソン（P58参照）などを入れて40分ほど煮込み、甲殻類の味をしっかり引き出します。

ちなみに、ソース・アメリケーヌに牛乳や生クリームを加えると、濃厚なポタージュができます。これをビスク（bisque）といいます。

正解 ☞ **B**

# Q42 西洋料理

「ポトフ（Pot-au-feu）」の作り方で、正しいものを選びなさい。

[A] 水からゆっくり煮込む
[B] 熱湯から急いで煮込む
[C] 絶えずグラグラ煮立たせる

### 解説

　ポトフは、フランスでは冬の定番の家庭料理。粗塩、マスタード、コルニッション（キュウリのピクルス）などを添えていただきます。

　作り方の一例をP162で紹介していますが、基本的には鍋（pot）に牛肉、鶏肉、野菜、水を入れ、火（feu）にかけるだけ。やわらかく火を通した牛肉と鶏肉、とろけるほど煮込まれた野菜の甘味、澄んで優しい味のブイヨン。このようなおいしいポトフを作るには、水からゆっくり煮込むことが大切。理由は、熱湯から煮ると肉の表面がかたまり、アクが抜けにくくなるためです。また煮立たせるとブイヨンが濁るので、じっくり静かに煮込みましょう。肉は長時間火を入れるとやわらかくなります。肉のタンパク質は加熱により一度かたくなりますが、さらに長時間煮ることで、水に溶けない性質のコラーゲンが水に溶けるゼラチンに変化するためトロトロにやわらかくなるのです。

　イタリア版ポトフといえば、牛テールや牛タンなども入る北部の伝統料理ボッリート・ミスト。ヒヨコ豆が入るスペインのコシード、鍋ひとつという意味のドイツのアイントプフなどもポトフによく似た料理です。

正解 ☞ **A**

# Q43 西洋料理

**イタリア語でトマトはポモドーロ（pomodoro）といいますが、その語源は何でしょう。**

[A] 金のブドウ
[B] 金のトマト
[C] 金のリンゴ

## 解説

　トマトの原産地は、南米のアンデス高原辺りといわれています。イタリアには16世紀ごろに入りましたが、はじめは観賞用の植物で、実が黄金色であったことからpomo d'oro（ポモドーロ）（金のリンゴ）と呼ばれました。当時は食用どころか毒を持つとまでいわれ、食べる人はいなかったそうです。しかし、17世紀の終わりごろから一部の地域で食用とされ、南イタリアを中心に栽培が行われるようになり、その後、全土に広まっていきました。トマトのイメージの強いイタリア料理ですが、数百年前まではトマトを使った赤い色の料理は存在しなかったのです。

　イタリアでは生食用以外にも、加熱調理に向く品種や、皮がむきやすい、果肉が厚い、種が少ない、酸味が少ないといった特徴を持つ、缶詰やペースト、ピューレなどの加工に適した品種の生産も盛んです。加工用品種の代表格といえば長形のサン・マルツァーノ。甘味、酸味、旨味のバランスがよく、加熱時の風味は抜群ですが、病気に弱い、果肉が崩れやすいなどの欠点もあり、近年はその改良種が多く普及しています。

★P163でトマト・ソースのレシピの一例を紹介。

**正解 ☞ C**

# Q44 西洋料理

「カルパッチョ（Carpaccio）」という料理名は、ある人物の名前からとったものです。その人はどんな職業だったでしょう。

[A] 料理人
[B] 建築家
[C] 画家

### 解説

　時は1950年、ヴェネツィアの有名なレストラン『ハリーズ・バー』での出来事。ある伯爵夫人が医者から加熱処理した肉を食べることを禁じられました。店の常連である夫人のために初代店主のジュゼッペ・チプリアーニ氏は、生の牛フィレ肉を薄切りにし、マヨネーズベースのソースでデコレーションしたイタリア版牛刺しを考案。脂肪の少ない若い牛肉はあっさりしており、レモンの酸味を利かせたマヨネーズとも絶妙の相性でした。
　そのころ、ルネサンス期のヴェネツィアの画家ヴィットーレ・カルパッチョの展覧会が当地で開催されており、彼の作風である光り輝くような赤と白の色使いを、牛肉の赤とソースの白にだぶらせたチプリアーニ氏はこの料理を「牛フィレ肉のカルパッチョ風」と命名。生肉を食べる習慣がなかったヴェネツィアで、この独創的な料理は一躍脚光を浴びることになりました。
　現在ではマヨネーズソース以外にもさまざまなソースが使われています。日本ではカルパッチョといえば魚介のイメージが強いようですが、もとは牛肉の料理だったのです。

正解　C

# Q45 西洋料理

「ジェノヴァ風ペスト（Pesto genovese）」と呼ばれるソースに使う香草はどれでしょう。

[A] パセリ
[B] バジリコ
[C] オレガノ

## 解説

　イタリアのジェノヴァは、良質なバジリコの産地として知られています。新鮮なバジリコの葉と良質のオリーブ油をたっぷり使い、ニンニク、松の実、ペコリーノ・チーズ※かパルメザン・チーズ、あるいはその両方を加えて作るペスト（P163参照）は、リグーリア州ジェノヴァの名物ソースです。

　ペストとは「打ち砕く」「押しつぶす」を意味するイタリア語のpestareから派生した言葉。ミキサーを使っても簡単にできますが、もともとは乳鉢と乳棒を使って材料を突きつぶして作っていました。このペストで和えたリングイーネ（リグーリア州ではトレネッテという）は、イタリアを代表するパスタ料理のひとつです。ほかにミネストローネやドレッシングの風味づけとして、また、魚や肉料理のアクセントに用いるとよいでしょう。

　バジリコはプランターを使って簡単に栽培できます。たくさんとれたときはペストを作り、密閉容器に入れて保存しておきましょう。

※ペコリーノ・チーズ　羊の乳から作られるイタリアのチーズで、古代ローマ時代までさかのぼるほど長い歴史があります。主に中南部で作られ、タイプや製法もさまざまですが、ローマ産、サルデーニャ産、トスカーナ産、シチリア産など、多くはその産地とともに表記されます。

正解　☞　B

# Q46 西洋料理

オリーブ油はオリーブの何からとったものでしょう。

[A] 種
[B] 葉
[C] 果実

### 解説

　オリーブ油はオリーブの果実からしぼりとったオイリーなジュース。特色ある味と香りを持ち、ほかの多くの植物油が種子を原料として化学処理や精製を行うのに対し、しぼったままで利用できる数少ない植物油です。そのため、果実に含まれる成分が失われることなく、大切な栄養分がそのまま油の中に生きています。
　日本で主に市販されているのは、エクストラバージン・オリーブ油とオリーブ油（ピュア・オリーブ油）の2種。バージン・オリーブ油はしぼったままの油のことで、その中でも最高級品をエクストラバージン・オリーブ油といいます。コクのある風味と芳醇（ほうじゅん）な香りが特徴ですから、ドレッシングや料理の仕上げに使ったり、パンにつけたりして、火を通さずに使いましょう。
　バージン・オリーブ油でも品質の劣るものは、食用とするために精製する必要があります。この精製オリーブ油と質のよいバージン・オリーブ油をブレンドしたものがピュア・オリーブ油。香りや味は控えめですが、クセはなく値段も手ごろなことが多いので、炒め物やローストなど加熱調理にも幅広く使えます。

正解　C

# Q47 西洋料理

「リゾット（Risotto）」に使うだし汁は、米に対してどれくらい必要でしょう。

[A] 米と同量
[B] 米の約2倍
[C] 米の約4倍

### 解説

　リゾットはイタリアの代表的な米料理。生米を蓋をせずに煮て作るので、米の量の4倍程度の液体が必要です。作り方のポイントは、まず米の表面に壁を作るよう、透明感が出るまでバターでしっかり炒めること。米は洗うと水を吸って割れやすくなるので、洗わずに使います。熱いだし汁をひたひたに注ぎ、時々混ぜながら、煮詰まってきたらだし汁を少しずつ足して16～18分煮るとでき上がりです。イタリアの米に比べて日本の米は粘りが出やすいので、混ぜすぎないことが大切。具材は煮上がる間際に加えるのが一般的ですが、煮くずれしないものは最初から米と一緒に煮ると味がまとまります。最後にバターを加えてしっかり混ぜ合わせ、乳化させます。すりおろしたパルメザン・チーズを加えて仕上げるのが基本ですが、魚介類の場合はオリーブ油を使うこともあります。

　パスタと同様、煮上がりはアル・デンテ、つまり米の中心部に少し芯が残っている状態が理想。この芯のかたさがリゾットの味わいでもあります。また、リゾットはフォークで食べるもので、スプーンを使わないのがイタリア式です。

正解 ☞ C

# Q48  西洋料理

イタリアでは数少ない青カビタイプのチーズ（ブルーチーズ）ですが、その代表格といえばどれでしょう。

[A] リコッタ
[B] ゴルゴンゾーラ
[C] ペコリーノ

### 解説

　ゴルゴンゾーラは、イギリスのスティルトン、フランスのロックフォールと並んで非常に有名な青カビタイプのチーズ。古い歴史を持ち、ロンバルディーア州のゴルゴンゾーラ村で作られたのがはじまりといわれています。現在では、同州の別の町や、隣のピエモンテ州で生産されています。
　マイルドな香りとクリーミーな口あたりの中に、青カビがピリッとした刺激を与える独特の味わいが魅力。青カビタイプの中では比較的風味が穏やかで食べやすいといわれ、マイルドでよりクリーミーな「ドルチェ」と、青カビがしっかり入った刺激の強い「ピッカンテ」があります。食後のテーブルチーズとしてだけでなく、パスタや肉のソース、リゾットの風味づけ、ピッツァのトッピングなど料理用にも使われます。
　イタリア語で再度（ri）加熱した（cotta）という意味を持つリコッタは、チーズ作りで残ったホエー（乳清）を再加熱して作ります。カッテージチーズに似たあっさりとした風味で、フレッシュのほか、熟成させたもの、燻製にしたものとさまざまなタイプがあり、イタリアでは料理や菓子によく使われます。

**正解 ☞ B**

# Q49 西洋料理

「ボローニャ風ソース」と呼ばれているのは、次のうちどれでしょう。

[A] バジリコ・ソース
[B] トマト・ソース
[C] ミート・ソース

### 解説

　エミーリア＝ロマーニャ州の州都、ボローニャの地名がついたソースです。
　この地方は古くから酪農や畜産が盛んで、バターやチーズ、肉を使った料理が多いのが特徴。最高級のハムやサラミ、チーズの産地でもあります。
　イタリアではミート・ソースのことをサルサ・ボロニェーゼ（Salsa bolognese）またはラグー・ボロニェーゼ（Ragù bolognese）と呼びます。ラグーとは肉の煮込み料理のことで、もともとは残った肉を細かく刻み、煮汁と合わせてソースにしていたようです。
　作り方の一例をP164に掲載していますが、ポイントは3つ。香味野菜を十分に炒めて甘味を引き出すこと。牛挽き肉を香ばしく炒めること。赤ワインの酸味や渋味の角がとれ、ほかの材料と味がまとまるまで気長にコトコトと煮込むこと。ミート・ソースは牛肉のコクが最大限に引き出され、副材料と混然一体となったときに最高の味に仕上がるのです。
　ミート・ソースには、この地方の卵入り手打ちパスタを合わせるのが定番。幅広のパッパルデッレやタリアテッレと和えたり、シート状のラザーニャを使ってグラタンにしたりします。

正解　C

# Q50 西洋料理

「ミラノ風カツレツ」には、次のうちどの肉を使うでしょう。

・・・・・・・・・・・・・・・・・・・・・・・・・・・・・・・・・・

[A] 子豚
[B] 子羊
[C] 子牛

### 解説

　ミラノ風カツレツは、子牛肉を使ったロンバルディーア州ミラノの名物料理。P165で作り方の一例を紹介していますが、軽くたたきのばした子牛のロース肉に溶き卵、パン粉をつけ、多めのバターで両面をきつね色に焼き上げます。ソースは添えず、好みでレモンをしぼって食べ、パン粉の香ばしさとバターの香り、肉の旨味を楽しみます。

　高級店では骨つきのロース肉を、大衆的な店ではモモ肉の薄切りを使うことが多く、骨つきの肉で作るとcostoletta（コストレッタ）、骨つきでない場合はcotoletta（コトレッタ）と呼びます。隣国のオーストリアには、ウィンナー・シュニッツェル（ウィーン風カツレツ）と呼ばれるよく似た料理があり、どちらが先に誕生したのかという論争が絶えません。

　子牛肉は、ロンバルディーア州など北イタリアで特に好んで食べられる食材のひとつ。まだ草を食べたことがなく、ミルクだけで飼育された子牛（乳飲み子牛）の肉は、きめ細かく淡いピンク色。非常にやわらかく淡泊でクセもなく、ほんのりとミルクの香りがします。草を食べだすと肉の色が赤みがかり、成長するにしたがって脂肪も多くなって牛肉本来の赤身の肉になります。

正解 ☞ C

## Q51 西洋料理

マスカルポーネ・チーズを使うイタリアの有名なデザートは何でしょう。

- - -

[A] パンナ・コッタ
[B] ティラミス
[C] マチェドニア

### 解説

　日本でもすっかり有名になったティラミス(Tiramisu)。北イタリアのヴェネト州トレヴィーゾ生まれで、「私を元気にして」「私を引き上げて」という意味を持つ菓子です。主役となるのはフレッシュタイプのチーズ、マスカルポーネ。かつてはロンバルディーア州の特産でしたが、今ではイタリア全土で作られています。脂肪分が多く、ねっとりとしたクリーム状で、生クリームやバターのような風味があります。
　パンナ・コッタ(Panna cotta)は、pannaが「生クリーム」、cottaが「火を通した」という意味。その名の通り、生クリームと砂糖を軽く火にかけ、ゼラチンで冷やしかためただけのシンプルなデザートで、口あたりはババロワやプリンに似ています。
　マチェドニア(Macedonia)はフルーツを小さく切って、シロップやリキュールに軽く漬け込んだ冷たいデザートです。数種のフルーツを使うことから、多民族国家だったマケドニア王国にちなんで「マケドニア」という意味を持つマチェドニアと名づけられました。
　ちなみに、イタリアでは食後のデザートを含む菓子全般を「ドルチェ(dolce)」といいます。

正解　☞　**B**

## Q52 西洋料理

ジャガイモを使った生地を団子状に成形したパスタの仲間はどれでしょう。

[A] ラザーニャ
[B] カネロニ
[C] ニョッキ

### 解説

　ニョッキ（gnocchi）は、ジャガイモに小麦粉を加えて練り、団子状に成形した手打ちパスタの仲間。ゆでたてのニョッキは、ジャガイモのほっこりした食感がおいしく、溶かしバターや好みのソースで和えて食べます。

　もともとニョッキは、セモリナ粉や小麦粉に水を加えて練った生地で作っていました。19世紀ごろになってジャガイモがイタリアでも栽培されはじめると、ニョッキの生地にもジャガイモを使うようになり、これが定番になったようです。

　ニョッキの種類は多く、セモリナ粉、栗粉、パン粉、トウモロコシ粉などで作ることもあります。ほかにも、ジャガイモの代わりに、カボチャ、リコッタ・チーズとホウレンソウを使ったものなど、イタリア各地に多数のバリエーションがあります。

　ちなみにカネロニ（Cannelloni カンネッローニ）は、「筒」を意味するcanna カンナ が語源の手打ちパスタ。詰め物をのせて筒状に巻き、ベシャメル・ソースやパルメザン・チーズをかけ、グラタンなどにしていただきます。

正解 ☞ C

# Q53 西洋料理

**バルサミコ酢（aceto balsamico アチェート バルサーミコ）は何の果汁を煮詰めて造るのでしょう。**

- [A] メロン
- [B] モモ
- [C] ブドウ

## 解説

「かぐわしい酢」という意味を持つバルサミコ酢は、エミーリア＝ロマーニャ州のモデナとレッジョ・エミーリアで古くから造られてきました。中世にはすでに存在し、王侯貴族へ献上されるほどの貴重品で、長い間、薬用とされていました。

一般にワイン酢はワインを酢酸発酵させて造りますが、バルサミコ酢はゆっくり煮詰めたブドウ果汁を酢酸発酵させ、1年ごとに種類の異なる木の樽に移し替えながら長期間熟成させて造ります。独特の複雑な芳香は、木の持つ香りや成分によって醸し出されるものなのです。「伝統的な」という意味のtradizionale（トラディツィオナーレ）とつく製品の場合、最低でも12年の熟成が必要で、非常に高価。数世代に渡って受け継がれた年代物もあります。近年では伝統的製法とは異なる手ごろな値段の工場生産品も多く、樽から樽への移し替えを行わないものもありますが、tradizionaleを名乗るバルサミコ酢は、厳しい規定が設けられ、高い品質を保っています。

その甘味と香りを生かすために、基本的には火を通さず、料理の仕上げやドレッシングの風味づけ、デザートのソースなどに利用するとよいでしょう。

**正解　C**

## Q54 西洋料理

トマト、バジリコ、モッツァレッラ・チーズをのせたピッツァ（**Pizza**）の名前は何というでしょう。

[A] ピッツァ・マリナーラ
[B] ピッツァ・マルゲリータ
[C] ピッツァ・ナポレターナ

### 解説

　小麦粉、水、塩、イーストで作るピッツァの故郷は、南イタリアのナポリ。今では世界中に広まり、さまざまなタイプのピッツァが生まれています。

　ピッツァ・マルゲリータ（Pizza Margherita）は、1889年、当時のイタリア国王であったサヴォイア家のウンベルトⅠ世とマルゲリータ王妃がナポリに滞在した折に、ピッツァ職人のラッファエーレ・エスポージトが王妃にささげたものです。その味に感激した王妃がピッツァの名前を尋ねたところ、エスポージトは王家への敬意を表して王妃の名を答えたといわれています。イタリアの国旗の色と同じ、バジリコの緑、モッツァレッラ・チーズの白、トマトの赤の色使いが美しく、シンプルながら味も優れているとその名が広がり、今やピッツァの代表格になりました。

　イタリアではピッツァ専門店のことをpizzeria（ピッツェリーア）、ピッツァ職人をpizzaiolo（ピッツァイオーロ）と呼びます。一般的にイタリアのレストランではピッツァはメニューにありません。ピッツァを食べたいときはピッツェリーアへ、というのが本場の常識です。

正解　B

## Q55 西洋料理

イタリア料理のフルコースで、前菜は何と呼ばれるでしょう。

[A] アンティパスト
[B] プリモ・ピアット
[C] セコンド・ピアット

### 解説

イタリア料理のフルコースは、アンティパスト（antipasto）→プリモ・ピアット（primo piatto）→セコンド・ピアット（secondo piatto）→ドルチェ（dolce）の順番でサービスされるのが基本です。アンティパストのanti（アンティ）は「前」、pasto（パスト）は「食事」のことで、コース料理の最初に食べる料理、いわゆる前菜を表す言葉です。

ピアット（piatto）は「皿」、「料理」という意味で、「第1番目の料理」を意味するプリモ・ピアットにはスープ、パスタ、リゾットがあります。「第2番目の料理」という意味を持つセコンド・ピアットには、メインの魚料理、肉料理があります。単品で注文する場合もこの流れに則して料理を選びましょう。すべての料理を注文する必要はないですが、セコンド・ピアットは注文することが一般的。あまり空腹でないときはアンティパストかプリモ・ピアットを省略します。

また、イタリアでは食後のコーヒーといえばエスプレッソで、大きなカップに入ったカップッチーノはほとんど飲まれません。カップッチーノを頼むということは、満腹でないことを意味するとさえいわれています。

正解 ☞ **A**

## Q56　中国料理

香港の海鮮料理では活魚を姿のまま蒸した「清蒸魚(チンチョンユィ)」が欠かせません。新鮮な魚を蒸籠(せいろ)で蒸す場合、正しい方法は次のうちどれでしょう。

・・・・・・・・・・・・・・・・・・・・・・・・・・・・・・・・・・・・・・・・

［A］弱火でゆっくりと蒸す
［B］蓋(ふた)をずらして中火で蒸す
［C］強火で一気に蒸す

### 解説

　香港の海鮮料理で「清蒸魚」に用いる主な魚は、紅斑(ホンバン)（キジハタ）、東星斑(トンシンバン)（スジアラ）、青斑(チンバン)（アオハタ）などのハタ科の魚（総称して「石斑魚(シーバンユィ)」という）が好まれます。中でも老鼠斑(ラオシュウバン)（サラサハタ）は最高級の魚として知られています。
　P166で作り方の一例を紹介していますが、「清蒸魚」は新鮮な魚を水洗いし、水気をきってネギやショウガをのせ、強火で一気に蒸し上げた料理です。こうすると持ち味も生かされ、身離れもよくなります。弱火もしくは蓋をずらして中火で蒸すと、魚の臭みが残り、身もかたくなってしまいます。蒸し上がった魚にネギの細切りをのせ、上から熱した油をジャーッとかけ、醤油味のタレで仕上げます。
　内陸に広がる中国では、淡水魚を用いることが多く、蒸し魚も例外ではありません。中でも、最も美味なのは鱖魚(けつぎょ)（桂魚とも書く）といわれ、昔から珍重されています。
　日本の家庭で作るときはハタ科の魚は高級なので、ガシラ（カサゴ）、メバルなどを使うとよいでしょう。大きな魚であれば、切り身でも構いません。

正解　☞　C

# Q57 中国料理

中国で最も多く飲まれているお茶の種類はどれでしょう。

[A] 烏龍茶（ウーロン）
[B] 緑茶
[C] 紅茶

## 解説

中国茶は、発酵の程度によって大きく6種類に区分されています。

中国で最もよく飲まれるのは不発酵茶の緑茶。代表的な銘柄に、杭州の龍井茶（ロンチンチャー）、蘇州の碧螺春（へきらしゅん）などがあります。烏龍茶は青茶ともいわれる半発酵茶で、福建省の武夷岩茶（ぶいがんちゃ）、鉄観音茶（てっかんのんちゃ）、台湾の凍頂烏龍茶（とうちょうウーロンちゃ）などが知られています。日本では知名度の高い烏龍茶ですが、本国での生産量はお茶全体の1割にも達しません。発酵茶の紅茶は、ダージリン、ウバと合わせて世界3大紅茶に数えられる安徽省（あんき）の祁門紅茶（キーマン）が代表的。特有の甘い香りがあり、ミルクなどは入れずにそのまま味わいます。弱後発酵茶の黄茶は、湖南省の君山銀針（こなん）（くんざんぎんしん）などが有名。雲南省（うんなん）の普洱茶（プーアルちゃ）に代表されるのは後発酵茶の黒茶。微発酵茶の白茶には、福建省の白毫銀針（はくごうぎんしん）、白牡丹（はくぼたん）などがあります。

花の香りも楽しめる茉莉花茶（ジャスミンちゃ）、（香片）（シャンピェン）や菊花茶（きくかちゃ）などは花茶といわれ、錦上添花（きんじょうてんか）など湯を注ぐと開花する美しい工芸茶（こうげいちゃ）も数多くあります。中国茶には地域性もあり、北京では茉莉花茶、上海では緑茶、福建では烏龍茶、広東では烏龍茶と普洱茶、香港では普洱茶が好まれています。（P153参照）

正解 ☞ **B**

# Q58　中国料理

豚の角煮のルーツといわれる中国料理は次のうちどれでしょう。

- [A] 古老肉（グゥラオロウ）
- [B] 東坡肉（トンポーロウ）
- [C] 回鍋肉（ホェイグオロウ）

### 解説

　豚の角煮は、長崎で有名な卓袱料理（P55参照）のひとつ。豚の三枚肉（バラ肉）をじっくり煮込むことで、脂身はとろけるようにやわらかく、濃厚な味わいが楽しめます。

　豚の角煮は、中国の「東坡肉」がルーツといわれます。本来、東坡肉には皮つきの豚バラ肉を使い、紹興酒、醤油、砂糖、香辛料を加えて煮込み、水はほとんど使わないので、味が濃厚で香りも高く、艶やかで飴色を帯びています。

　東坡肉の歴史は古く、およそ1000年も前の北宋の時代にまでさかのぼります。当時、杭州にある西湖がしばしば洪水を起こし、民衆は大変困っていました。著名な文人で、地方長官でもあった蘇東坡は民衆を助けようと、人々を指揮して土手を築きました。感謝した民衆が蘇東坡に紹興酒と豚肉を贈ったところ、蘇東坡はこれを使って料理を作り、民衆に配ったとか。これが東坡肉のはじまりといわれています。

　ちなみに、「古老肉」は酢豚のこと。「回鍋肉」は本場の四川ではゆで豚肉と葉ニンニクの炒め物、日本では豚肉とキャベツの味噌炒めでおなじみです。

正解　☞　**B**

## Q59 中国料理

中国料理では「五目そば」、「五目野菜炒め」など、料理名に「五目」の字を当てることがありますが、この五目を表す中国語はどれでしょう。

[A] 一品（イーピン）
[B] 百花（パイホワ）
[C] 什錦（シーチン）

### 解説

日本語で「五目」というと、本来、5種の品を意味しますが、一般的にはいろいろなものが混じっている状態を指し、料理名に多く見られます。

中国の料理名にも、数字を冠したものが少なくありません。例えば、八宝菜、八宝鴨などに使われる「八宝」（パーパオツァイ、パーパオヤー）。一般的には8種類のよい材料を用いた料理を示しますが、種類に限らず、数多くの食材を意味することが多いようです。また、「什錦」あるいは「十景」（シーチン）なども同様に多種の材料を表す言葉。什錦湯麺（シーチンタンミェン）は五目そば、炒素什錦（チャオスゥシーチン）は五目野菜炒めのことです。ほかに多種の前菜を大皿に盛り合わせた場合は、一般的に什錦拼盤（シーチンピンパン）といいます。

なお、中国の「一品」は昔の官吏の最高位を表し、そこから最高の料理を形容するようになったので、日本の一品料理とは意味が異なります。「百花」は、たくさんの花のことを指しますが、広東料理ではエビのすり身を指します。百花醸蟹箝（パイホワニャンシェチェン）は、エビすり身のカニ爪揚げのことです。

正解 ☞ C

# Q60

中国料理

四川省生まれの「担担麺(タンタンミェン)(タンタン麺)」とは、本来どんな麺料理なのでしょうか。

........................................

[A] 焼きそば
[B] 煮込みそば
[C] 和えそば

### 解説

　本場四川の担担麺は、小ぶりのお碗でだされる和えそばです。P167で作り方の一例を紹介していますが、ゴマの香ばしさとラー油の強烈な辛味が特徴で、芽菜(ヤーツァイ)という四川産の漬物が味の決め手となり、特有の風味を醸し出しています。本来、担担麺にスープはなく、日本で人気のラーメン風の担担麺はアレンジされたものなのです。
　「担ぐ」という漢字が使われているのは、昔、材料と道具をてんびん棒で担いで、街で売り歩いたことに由来します。現在、四川省の成都でも町で行商の担担麺屋さんを見かけることはほとんどありませんが、四川料理店では小吃(シャオチー)(軽食)のひとつとして人気があります。
　さて、香港に60年の歴史を持つ、四川料理の老舗があります。この店の名物である担担麺は、芝麻醤(チーマーヂャン)(練りゴマ)が少なく、ラー油、花椒(ホワヂャオ)の風味が鮮烈。日本の担担麺とはまったく異なる味ですが、スープも多く入っているので、汁あり担担麺はこちらが元祖かもしれません。

正解 ☞ **C**

# Q61 中国料理

酢豚(すぶた)など中国料理では甘酢をよく使いますが、次のうち、甘酢の基本となる味の配合で正しいものを選びなさい。

[A] 酸味・甘味・塩味
[B] 酸味・甘味・辛味
[C] 酸味・甘味・苦味

### 解説

　中国料理の味は「五味調和」が基本ですが、五味には、2つの解釈があります。ひとつには一般的に使われる味覚の表現で、酸味(スワンウェイ)・苦味(クウウェイ)・甜味(ティエンウェイ)(甘い)・辣味(ラーウェイ)(辛い)・鹹味(シェンウェイ)。鹹はしょっぱい、すなわち塩味を指します。もうひとつは、薬膳など漢方で用いる五味。こちらも酸味・苦味・甘味・辛味・鹹味がありますが、調味料の味だけでなく、食物の持ち味を区分するものです。例えば、ネギ、ショウガ、ニンニクなどは辛味に属し、牛肉、米などは甘味に属するという「陰陽五行説」に基づいています。

　さて、甘酢は酸味と甘味を組み合わせて作りますが、そこに塩味を加えるとはっきりとした味になります。お汁粉に塩を少し入れると甘味をより感じるのと同様です。甘酢の割合は、砂糖と酢が同量で、塩(もしくは醤油)を適量加えます。材料を合わせ、湯煎して砂糖を溶かすときれいに混ざりますが、直接、火にかけると酢の香りが薄れてしまいます。トマトケチャップを加えると紅色、黒酢を使うと黒色に染まります。アクセントにレモン汁、梅干しを入れることもあります。

正解 ☞ A

# Q62　中国料理

中国の点心でよく知られている「肉まん」、「アンまん」などを総称して、中国語で何というでしょうか。

- [A] 饅頭（マントウ）
- [B] 包子（パオツ）
- [C] 餃子（ヂャオツ）

## 解説

　中国の点心には、肉や野菜、あるいは甘味のあんを生地で包んだ「包子」の類が少なくありません。肉まんは「肉包」（ロウパオ）、アンまんは「豆沙包」（トウシャーパオ）といいますが、いずれも発酵生地を使い、蒸して作ります。

　発酵生地は、小麦粉にイースト菌（パン酵母）を加えて練ると比較的簡単に作れますが、中国では「老麺」（ラオミェン）という天然酵母を使うのが伝統的な方法です。老麺は、イーストに比べて膨張力が弱いので、ベーキングパウダーなどの膨張剤を補助として加えると、きれいに膨らみます。老麺の生地は軽く仕上がり、独特の香りがあって、きめが細かく、しっとりとしてやわらかいのが特徴。イーストを使った生地は練ってから長時間ねかせて発酵させる必要がありますが、老麺の生地は練ってすぐに蒸すことができます。

　「饅頭」は、老麺で作る「蒸しパン」のことで、花巻（ホワヂュエン）、銀絲巻（インスーヂュエン）などのバリエーションがあります。北方のソフトボール大で重みがある饅頭は主食となります。かつては饅頭にも具やあんが入っていました。小籠包を煎り焼きにしたような生煎饅頭（ションヂェンマントウ）などはその名残で、上海辺りで見られます。

正解　☞　B

# Q63

中国料理

中国で最高級の宴席料理として知られる「満漢全席(満漢席)」が出現した時代の王朝は、次のうちどれでしょうか。

[A] 元朝
[B] 明朝
[C] 清朝

### 解説

「満漢全席」という言葉が最初に見られるのは、清代の乾隆年間、食通の文人、袁枚が書いた『随園食単』です。続いて、李斗による『揚州画舫録』にも登場。その記述から高級官吏を接待するため、豪華さを競った宴席だったことがうかがえます。事実、満漢全席の料理は豪華で、品数も非常に多く、宴会が3日3晩、さらには1週間に及ぶこともあったようです。

満漢全席は、清朝を興した満族と大多数を占める漢族による飲食上の融合によって生まれました。満族は豚、羊、アヒル、狩猟動物をよく食べ、直火焼きや煮込みといった簡単な料理が主流でした。一方、漢族の料理は炒める、揚げる、スープにするなど技法が変化に富み、肉類、魚介、野菜類、乾燥材料と食材も豊富。両民族の食文化はまったく違うものだったのです。

満漢全席は宮廷料理として発達。民間に伝わって中国各地に広がり、以降の中国料理の発展に大きく影響したといわれます。しかし、清朝末期になると徐々にすたれ、近年になって北京の『倣膳飯荘』がだした満漢全席を簡略化した「清宮風味」の宴席が、その名残として知られています。

正解 ☞ C

# Q64 中国料理

中国原産の果物、荔枝(れいし)を好んだことで有名な女性は、次のうち誰でしょう。

[A] 西施(せいし)
[B] 楊貴妃(ようきひ)
[C] 虞美人(ぐびじん)

### 解説

　荔枝にまつわる話は昔から多くありますが、特に唐代の佳人、楊貴妃の好物だったという話は有名です。楊貴妃は蜀(しょく)(現在の四川省)の生まれが定説ですが、玄宗皇帝は彼女のために蜀よりも味のよい中国南部の荔枝を、毎年、早馬を仕立てて長安の都まで運ばせたそうです。

　中国では2000年も前から栽培されていたという荔枝。日本では「レイシ」、またはその広東語から「ライチ」と呼ばれています。主な産地は広東、福建、台湾などで、旬は5〜7月末ごろまで。荔枝は、一般的に赤みのある革質の表皮で覆われ、ウロコ状の突起がありますが、果肉は白色、半透明で、みずみずしく、甘酸っぱい上品な味と香りが特徴です。

　荔枝には100種以上の品種があり、皮の色、大きさ、味などは微妙に異なります。日本でも時期になると、主に広東、台湾から入荷され、「妃子笑(フェイヅシャオ)」、「黒葉(ヘイイエ)」、「糯米糍(ヌオミーツー)」などの種類が知られています。

　なお、フレッシュな荔枝は日持ちせず傷みやすいので、必ず枝つきで求めましょう。冷凍品は年中ありますが、やはり新鮮なものにはかないません。

正解 ☞ B

# Q65 中国料理

客として招かれたとき、中国料理のマナーとして好ましくないことはどれでしょう。

[A] 器を手で持ち上げて食べる
[B] 自分の箸で取り分ける
[C] だされた料理を少し残す

### 解説

　中国は古来、礼節を重んじる国なので、食事に関しても昔からの決まりがあります。現代では諸外国の様式を取り入れるなどの変化もあるようですが、ここでは基本的な中国料理のテーブルマナーをいくつか紹介します。

　最も大切なことは、会話を交わしながら楽しく食事すること。食事中のマナーの解釈は地方により多少の相違はありますが、大皿の料理を自分の箸で小皿に取り分けることは許されます。また、取り分けた料理を相手に勧めることも一般的に行われています。

　小皿は手で持ち上げることはせず、テーブルに置いたままで、箸の上げ下げで料理を口に運びます。また、スープなど汁気の多い料理も、お碗を持ってじかに口をつけることはせず、チリレンゲで口に運ぶのがエチケットですが、ご飯茶碗だけは例外です。

　だされた料理を少し残すのはマナー違反ではありません。特に、家庭に招かれたときなどは、完食してしまうと料理が足りなかったと思われるので、十分にいただきましたと意思表示するため料理を少し残すわけです。また昔は、客が招かれた家の使用人たちのために料理を残したといわれます。

正解　☞　**A**

# Q66 中国料理

中国の点心のひとつ、シューマイを示す中国語として間違っているのはどれでしょう。

[A] 焼売
[B] 焼餅
[C] 焼麦

## 解説

　シューマイの語源は、広東語の「焼売」に由来します。中国北部では「焼麦」、「稍麦」と書いてシャオマイと発音します。ちなみに、焼餅(シャオビン)とは発酵生地を薄くのばして焼いたものです。

　北方のシューマイといえば、清代の1738年創業といわれる北京の『都一処(トゥイーチュウ)』が有名です。屋号の名づけ親は、かの乾隆帝(けんりゅうてい)。ある大みそかの夜、帝(みかど)がおしのびで食事に出掛けると、営業していたのは都でこの店ただ1軒でした。帝はその味に大層満足し、都で一番という意味の屋号を直筆し、扁額(へんがく)にして店に贈りました。これ以降、さらに商売が繁盛したという話が残っています。

　この店の売り物は、豚肉入りの猪肉(チュウロウ)焼麦(シャオマイ)と、エビ、豚肉、ナマコなどが入った三鮮焼麦(サンシェンシャオマイ)。皮は厚めで、花が開いたような包み方が特徴です。黒酢、醤油、ラー油を好みでつけます。

　一方、広東のシューマイは北京などに比べて皮が薄くて小さめ。干蒸焼売※(エビと豚肉のシューマイ)が最もポピュラーです。飲茶には欠かせない点心で、バラエティーに富んでいます。

※干蒸焼売　広東語ではガンチョンシャオマイとなります。

正解 ☞ B

# Q67　中国料理

中国で鍋料理を意味する言葉はどれでしょうか。

[A] 火鍋（フオグオ）
[B] 沙鍋（シャーグオ）
[C] 汽鍋（チーグオ）

### 解説

　中国では、寄せ鍋など鍋料理のことを「火鍋」といいます。火鍋は、卓上で材料を煮ながら食するので、本来は炭火を熱源とします。
　北京の涮羊肉（シュワンヤンロウ）（羊肉のしゃぶしゃぶ）には、鍋の中央に煙突があり、その中に炭火を入れ、周囲（ドーナッツ形になっている）を熱する火鍋が欠かせません。材質は外側が銅、内側は錫メッキが施されています。近年は形だけを残し、主にガス用の鍋が使われています。
　最近、中国各地、日本でも流行しているのが麻辣火鍋（マーラーフオグオ）（四川風の辛い鍋料理）。その多くは鍋の中央が2つに仕切られ、一方が辛く、もう一方には辛味のないスープ（鍋底（グオティ）という）を入れ、2種類の異なる味が楽しめます。鍋はステンレス製、アルミ製など、ガス用のほかIH対応もあります。
　沙鍋（シャーグオ）は砂鍋とも書き、日本の土鍋に類似するもの。また、汽鍋は非常に特殊な形をしています。蓋を開けると中央に小さな煙突があり、蒸気が蓋にあたって水分が溜まる仕組みになっています。有名な料理に雲南汽鍋鶏（ユンナンチーグオティ）（鶏肉の汽鍋蒸しスープ）があります。

正解　☞　A

# Q68 中国料理

中国料理の高級食材、海ツバメの巣の主な産地はどこでしょう。

[A] オーストラリア
[B] アフリカ
[C] 東南アジア

## 解説

　海ツバメの巣は中国語で「燕窩（イェンウオ）」と書きますが、昔、高級品を宮廷に献上したことから料理名には「官燕（クワンイェン）」の文字も使われます。この巣は小型のアナツバメ、金絲燕（チンスーイェン）が唾液をかためて作ったもので、主として東南アジア（タイ、マレーシア、インドネシアなど）の孤島で産し、大半は香港市場で取引されています。巣の形は、お碗を半分に割ったような三日月形で、白く、羽毛のないものが上質。崩れたり、灰色がかったりすると価格が下がります。赤色を帯びた「血燕（シュエイェン）」は、高級品として知られています。
　海ツバメの巣は、味はほとんどないのですが、なめらかで舌ざわりは抜群。乾燥品を戻すと白色で透明感があり、その光沢は宝石のような美しさです。調理するときは、スープを吟味し、できるだけシンプルな料理に仕立てます。また、シロップに浮かべるなどデザートとしても使われます。
　昔から海ツバメの巣が珍重される理由は、その希少価値にあります。南洋は遠いうえ、金絲燕は孤島の高所に巣を作るため、採取が難しいのです。また、漢方においても滋養があるといわれています。

正解　☞　C

# Q69

アジア料理

タイ料理のスープ「トム・ヤム・クン」の「トム」は煮る、「ヤム」は混ぜるという意味です。では、「クン」の意味は何でしょう。

[A] レモングラス
[B] エビ
[C] トウガラシ

### 解説

「トム・ヤム・クン」は、一般的に「クン・ナー」と呼ばれる大型の川エビを使って作ります。「クン・ナー」は、身は小さいのですが、頭部が大きく、この頭部やみそから出る旨味によってスープがおいしくなります。

日本では「クン・ナー」の入手が難しいので、タイ料理専門店でも本場の味がなかなかだせないといわれます。ちなみに、「クン・ナー」というエビは塩焼きなどにしても、さほどおいしくありません。エビのほかに魚介類を入れたスープもあり、「トム・ヤム・タレー」といいます。「タレー」とは海の意味です。

「トム・ヤム・クン」の味のベースになるチリ・ペーストは、タイ語で「ナム・プリック・パオ」といいます。直訳すると「ナム」は水、「プリック」はトウガラシ、「パオ」は焼くという意味。トウガラシに干しエビ、ニンニク、タマネギ、ショウガなどと、いろいろな香辛料を混ぜ合わせ、油でじっくり旨味や辛味、香りを引き出すように炒めたものです。店によって作り方や使用する材料が微妙に違い、これが各店の「トム・ヤム・クン」の味の違いにもなっているのです。

正解 ☞ **B**

# Q70

アジア料理

トウガラシ粉、もち米、麹(こうじ)などから作る、韓国のトウガラシ味噌といわれる調味料は何でしょう。

・・・・・・・・・・・・・・・・・・・・・・・・・・・・

[A] カンジャン
[B] テンジャン
[C] コチュジャン

## 解説

　韓国の「ジャン」という言葉は、中国語の「醤(チャン)」が伝わったもの。カンジャンは醤油、テンジャンは味噌、そしてトウガラシ味噌といわれるのがコチュジャンです。コチュジャンは、ビビンパなど韓国料理を作るのに欠かせない調味料ですが、生野菜に添えたり、刺身のタレにしたりするほか、鍋物、和え物、炒め物など幅広く使われます。

　コチュジャンは、もち米、うるち米、麦、小麦粉などを原料に、本来、大豆を発酵させたメジュという麹を使って作ります。例えば、もち米のコチュジャンを作る場合、やわらかく炊いたもち米を練り、メジュを加えて発酵させ、トウガラシ粉（コチュカル）を混ぜ合わせます。最後に塩を加え、壺などに入れて熟成させるのです。

　コチュジャンは使用する穀物によって風味は異なります。麦のコチュジャンは甘くてチゲにはよいのですが、刺身には向かないなど用途も違ってきます。ちなみに、一般的に日本で売られているコチュジャンは、本場のものより甘味が強いようです。

正解 ☞ C

# Q71

野菜

アスパラガスの旬とされているのは、次のどれでしょう。

[A] 秋から冬
[B] 春から初夏
[C] 夏から秋

## 解説

　アスパラガスが日本に渡来したのは江戸時代。当初は観賞用で、食用として導入されたのは明治時代はじめ、普及するのは昭和時代になってからです。
　アスパラガスは地面からのびる新芽（若茎）を食する野菜。旬は春から初夏です。最近ではハウス栽培品と輸入品もあり、通年、市場に出回っています。
　栽培方法の違いにより、新芽を日光に当てて育てたグリーンアスパラガス、土寄せして日光に当てずに栽培したホワイトアスパラガスがあります。このほか紫アスパラガスや半分ぐらいの大きさのミニアスパラガスなどもあります。
　いずれのアスパラガスも鮮度が命。収穫後は急激に鮮度が落ち、甘味も失われ、かたくなります。選ぶ際は、穂先が開いていなくて、切り口がみずみずしく、変色していないものを。
　アスパラガスにはアスパラギンが含まれ、体内に入るとアスパラギン酸になって、新陳代謝を促進します。

正解 ☞ B

# Q72

野菜

山形名産の枝豆はどれでしょう。

[A] ユウナヨ
[B] ダダチャ豆
[C] 紫ずきん

### 解説

　豆腐や納豆の原料となる大豆を栽培する過程で、大豆の種子を未熟な状態でさやごと収穫するのが枝豆です。枝つきで刈り取るのが名前の由来となっています。

　その品種は全国に多く、有名なものに新潟のユウナヨ、山形のダダチャ豆などがあります。最近では丹波黒大豆を改良したもので、京のブランド産品として人気の紫ずきんなども出回っています。

　枝豆はさやの表面にあるうぶ毛の色により、白毛種と赤（黒）毛種に分けることができます。よく食べられているのは白毛種です。旬は6〜9月ごろ。

　選ぶときは、さやの緑色が濃く鮮やかで、豆が均等に入り、締まりがあるものを。枝つきの場合は、葉や茎が変色していなくて、さやが密集しているものが目安となります。

　大豆が「畑の肉」と呼ばれているだけに、若どりされた枝豆は豆としての栄養と野菜としての栄養を兼ね備えているといえるでしょう。

正解 ☞ B

## Q73 野菜

カブは春の七草のひとつに数えられていますが、次のうちカブを表しているものはどれでしょう。

[A] ナズナ
[B] スズナ
[C] スズシロ

### 解説

　カブはカブラとも呼ばれ、春の七草の中に「スズナ」という名で入っている根菜です。日本には中国大陸から伝わり、各地に多くの品種が生まれています。旬は秋から冬です。

　大きく西洋系と東洋系に分けられ、東日本では主に西洋系、西日本では主に東洋系が栽培されています。また根の大きさから大型・中型・小型、形から丸・扁平・長い、色から白・黄・紅・紫・緑などに分けられます。

　小型は関東圏に多く金町小カブなどが、中から大型は関西圏に多く、中型では大阪の天王寺カブなどが、大型では千枚漬けの材料となる京都の聖護院カブや滋賀の近江カブなどがあり、紅色のものには岐阜の飛騨紅カブや滋賀の万木カブ、山形の温海カブなどがあります。

　漬物に加工される日野菜カブやスグキ菜、野沢菜などもカブの仲間です。

　栄養的には根より葉のほうに多くのビタミンやミネラルが含まれています。捨てずに食べるよう心がけましょう。

正解 ☞ B

# Q74 野菜

カボチャの仲間は次のうちどれでしょう。

............................................

[A] ゴーヤー
[B] トウガン
[C] ズッキーニ

### 解説

　カボチャは漢字で南瓜と書き、関西を中心にナンキン（南京）とも呼ばれます。日本カボチャと西洋カボチャとペポカボチャに大別されます。

　日本カボチャは表面に縦溝があり、甘味が少ないのですが水分が多く粘質。黒皮（日向）南瓜、菊座南瓜、ちりめん南瓜などがあり、ひょうたん形で京野菜のひとつでもある鹿ケ谷南瓜も少量ながら出回っています。

　西洋カボチャは表面がなめらかで、甘味が強く粉質。加熱すると栗のようにホクホクするので栗の名がつき、黒皮栗南瓜や青皮栗南瓜、赤皮栗南瓜、エビス南瓜などがあります。市場ではこれら西洋カボチャが主流になっています。周年入手可能ですが、11〜5月は輸入品が急増します。

　手のひらサイズのボッチャンカボチャは西洋カボチャの仲間です。

　ペポカボチャは普通、観賞用や飼料用ですが、金糸瓜（ソウメン南瓜）や若どりのズッキーニが食用とされています。ズッキーニには皮が緑と黄色のものがあります。花ズッキーニは花つきの幼果を収穫したものです。

正解　☞　C

## Q75 野菜

**カリフラワーで主に食用とするのは、植物でいうとどの部分でしょう。**

[A] 花托(かたく)
[B] 花弁(かべん)
[C] 花蕾(からい)

### 解説

　ユニークな形をしたカリフラワーはキャベツの仲間。キャベツの野生種が食用に栽培されてできた変種のひとつとされています。

　結球した葉を食べるキャベツに対し、カリフラワーは花蕾を食べる野菜です。花蕾は一見、花のようにも見えますが、小さな蕾が寄り集まった部分です。

　カリフラワーといえば、白いものが多く流通していますが、これは意図的に葉を花蕾にかぶせ日光を遮断して育てたものです。白以外にもオレンジ色や紫色のものなどもあります。また、黄緑色で花蕾が珊瑚礁(さんごしょう)を思わせる形の「さんごしょう」と呼ばれる品種もあります。

　今では周年出回る野菜ですが、本来の旬は冬から初春です。

　カリフラワーと同じく花蕾を食べる野菜にブロッコリーがありますが、蕾の状態で発育が停止したのがカリフラワー。ブロッコリーは停止せずに成長するという違いがあります。

**正解 ☞ C**

# Q76 野菜

サツマイモの別名として使われているのはどれでしょう。

[A] 甘藷（かんしょ）
[B] 自然薯（じねんじょ）
[C] 馬鈴薯（ばれいしょ）

## 解説

　サツマイモは甘藷とも唐イモなどとも呼ばれます。甘藷は甘いイモの意味。中国から琉球へ、琉球から薩摩（鹿児島県）へ伝わったといわれ、18世紀に青木昆陽が薩摩から取り寄せて以降、東日本に広まりました。名前も薩摩に由来するようです。

　日本で栽培されるサツマイモの主流品種は紅アズマ、高系14号、紅赤（金時）、黄金センガンなどです。

　紅アズマ、紅赤は皮は赤紫色で果肉は黄色、加熱するとホクホクした食感。高系14号は皮は赤褐色で果肉は淡黄色、甘味が強く、加賀野菜の「五郎島金時」や徳島の「鳴門金時」がこの系統です。黄金センガンは皮も果肉も淡黄色、主にデンプンや焼酎の原料として利用されます。

　最近では、紫イモの人気が上昇していますが、これは皮も果肉もアントシアニン色素を多く含み、紫色です。

　サツマイモの切り口から出る白い乳液状のものはヤラピンといい、食物繊維との相乗効果により、便秘改善が期待できます。

正解 ☞ A

## Q77 野菜

エンドウの若芽を何というでしょう。

[A] 幼苗(ようびょう)
[B] 豆苗(とうみょう)
[C] 種苗(しゅびょう)

### 解説

エンドウはさやの硬軟により2種に分けることができます。かたいほうは完熟した豆を乾燥させるもので、青エンドウや赤エンドウ、そしてあまり見かけませんが白エンドウなどがあります。

やわらかいほうは、若いさやを食べるサヤエンドウと未熟の種子を食べる実エンドウ（グリンピース）に分けられます。

サヤエンドウには、さやの小さなキヌサヤエンドウ（豆が表面に浮き出ないので板ざやともいいます）、さやの大きなオランダサヤエンドウなどがあります。グリンピースには、ウスイエンドウなどがあります。

さらに、これら両方の特徴を生かした、さやも実も食べられるスナップエンドウもあります。

豆苗はエンドウの若芽です。最近ではほかに、スプラウトタイプ（P129参照）のものも豆苗という名前で出回っています。

グリンピースの旬は春から初夏。サヤエンドウは周年栽培されています。

正解 ☞ B

# Q78

野菜

次のゴボウの中で根の長い品種はどれでしょう。

[A] 滝野川ゴボウ
[B] 堀川ゴボウ
[C] 大浦ゴボウ

### 解説

　ゴボウは大別すると長根種と短根種に分かれます。長根種の代表は関東を中心に栽培される滝野川ゴボウ。長さは1m以上にもなり、各地にある長根種のルーツで、市場では大半を占めています。

　短根種の代表は東では千葉の大浦ゴボウ、西では京都の堀川ゴボウなどが有名。中心部を空洞にし詰め物をして料理することがよくあります。

　市販品には土つきゴボウ、洗いゴボウ、皮をとったみがきゴボウ、ささがきゴボウなどがあります。

　ゴボウの旬は秋から冬ですが、初夏に出回る新ゴボウは、皮が薄く肉質がやわらかく、香りが高いのが特徴です。

　ほかに葉を食する葉（若）ゴボウもあり、越前白茎ゴボウなどが関西を中心に春に出回ります。葉と緑色でやわらかい茎、短い根を食します。

　若葉を食するヤマゴボウもありますが、この根は多量の硝酸カリウムを含み有毒です。なおヤマゴボウの名で市販される漬物は、アザミの一種の根ですから安全です。

正解 ☞ A

## Q79

野菜

コマツナとホウレンソウを比べた説明で、間違っているのはどれでしょう。

[A] コマツナのほうが鮮度が落ちやすい
[B] コマツナのほうがアクが少ない
[C] コマツナのほうがカルシウムが少ない

### 解説

コマツナは江戸時代に現在の東京都江戸川区小松川周辺で栽培されていたところから、この地名をとってコマツナと呼ばれるようになりました。

市場には周年出回りますが、霜が降りるころに甘味が増すので冬が旬です。

コマツナはホウレンソウと並ぶ緑黄色野菜の代表で、特にカルシウムを多く含んでいるのが特徴です。ホウレンソウのおよそ3.5倍含まれています。

また、アクが少なく生食も可能なことから、最近ではジュースにして飲むスタイルも流行しています。ただホウレンソウより鮮度が落ちやすいので、購入日に使いきるのが理想です。

なお、コマツナには各地で改良して定着した品種——福島の信夫菜、新潟の女池菜や大崎菜など——が多く、これらの総称としてコマツナという名称が使われることもあります。

また、コマツナの別名にウグイス菜がありますが、商品的には、ウグイス菜はカブやコマツナを早どりしたものを指します。

正解 ☞ C

# Q80 野菜

インゲンの中で実際に存在しないものはどれでしょう。

[A] ドジョウインゲン
[B] ウナギインゲン
[C] サーベルインゲン

## 解説

　インゲンには多くの種類があり、さやの硬軟で用途が分かれます。さやのかたいものは完熟した乾燥豆を利用します。白色系の手亡（てぼう）や大福豆（おおふく）、赤紫色の金時豆、まだら模様のウズラ豆、虎豆などでインゲン豆と総称されるものです。
　和菓子の白餡（あん）の原料の大半は白小豆ではなく、白色系インゲン豆が使用されます。
　同属の紅花インゲン（白花豆や紫花豆）もインゲン豆として扱われます。
　さやのやわらかいものは若いさやと若い豆を利用します。若いさやはサヤインゲン（三度豆ともいう）として周年出回りますが、旬は夏です。若い豆はむき実の冷凍が輸入されています。
　サヤインゲンはつるの有無、さやの色や断面の形状、筋の有無などで分けることができます。ドジョウインゲンはつる性で、色は淡緑色、楕円形の丸平ざやで湾曲しています。サーベルインゲンはつるなしで濃緑色、さやは丸ざや、モロッコインゲンはつる性で緑色、平たい平ざやです。

正解 ☞ B

## Q81 野菜

シュンギクの旬はどれでしょう。

[A] 春
[B] 夏
[C] 冬

### 解説

シュンギク（春菊）は関西ではキクナ（菊菜）とも呼ばれるキク科の野菜。春に花を咲かせるので、このような名がついたのかもしれません。

シュンギクは葉の大きさにより大葉種、中葉種、小葉種と3つの品種に分けられますが、現在、小葉種はほとんど栽培されていないようです。

市場に出回っている多くは、葉のふちの切れ込みが深い中葉種で、これには関東に多い茎を摘み取るものと、関西に多い株ごと収穫するものがあります。

また、葉に厚みがあり、ふちの切れ込みが浅い大葉種はアクが少なく、主に中国地方や九州地方で出回っています。最近ではアクが少なく生食できるサラダ用シュンギクも栽培されています。

シュンギクは周年出荷されていますが、旬は冬。緑黄色野菜のひとつで、カロテンはホウレンソウなみに、カルシウムは牛乳なみに含まれています。

なお、食用にしているのはアジア圏だけのようで、西洋では観賞用とされているそうです。

正解 ☞ C

# Q82

野菜

ショウガの繁殖用に使われる、前年に収穫されたものを何と呼ぶでしょう。

[A] ジュクセイショウガ
[B] ヒネショウガ
[C] モトショウガ

### 解説

　ショウガは古くはハジカミと呼ばれました。この名は現在もショウガを軟白栽培した軟化ショウガを指し、甘酢漬けにして料理のあしらいなどに使われています。

　ショウガは葉つきで出回る葉ショウガと、肥大した根だけが出回る根ショウガに分けられます。

　葉ショウガには、根が小指大の時に茎と葉をつけて収穫する谷中（やなか）ショウガやツバメショウガなどと、特に新芽を遮光してのばし、細くやわらかいうちに収穫した矢ショウガや筆ショウガ、ハジカミショウガなどと呼ばれる軟化ショウガ（芽ショウガ）があります。

　根ショウガには、肥大した根を秋に収穫するやわらかく辛味も穏やかな新ショウガと、それを土の中で貯蔵したヒネショウガ（土ショウガ）があります。ヒネショウガは繊維質が発達してかたく、辛味も強くなります。またヒネショウガは繁殖用にも使用されます。

　ショウガの辛味成分はジンゲロンとショウガオールで、臭み消しの効果や抗菌作用があります。

正解 ☞ B

# Q83 野菜

**市場で最も多く出回るトウモロコシはどれでしょう。**

[A] スイートコーン
[B] ポップコーン
[C] ヤングコーン

## 解説

　トウモロコシは粒の形状や性質などにより、次のように分けられます。市場に最も多く出回っているスイートコーン（甘味種）は、未熟な果実を野菜として食用とします。フリントコーン（硬粒種）はかつては出回っていましたが、現在は主に家畜飼料や工業原料用。ポップコーン（爆裂種）は菓子のポップコーンに。デントコーン（馬歯種）はコーンスターチや飼料用。ほかにソフトコーン（軟粒種）やワキシーコーン（糯種）、ポッドコーン（有稃種）などがあります。

　スイートコーンには黄粒のハニーバンダムや白粒のシルバーハニーバンダム、黄粒と白粒の混じったピーターコーンなどがあり、それらをさらに改良し、甘味を増した味来や恵味、サニーショコラといった品種もあります。

　スイートコーンの旬は夏。収穫後は急激に味が落ちます。ヤングコーンはベビーコーンとも呼ばれ、スイートコーンの2番果以降を若どりしたものです。

正解　☞　**A**

# Q84

野菜

日本で一番多く流通しているセロリの種類はどれでしょう。

・・・・・・・・・・・・・・・・・・・・・・・・・・・・・・・・・・

［A］黄色種
［B］緑色種
［C］中間種

### 解説

　セロリは茎を野菜として食べるだけでなく、特有の強い香りを生かして、肉類の臭み消しや西洋料理のだし汁やソースなどの風味づけに用いられます。

　セロリは茎の色で黄色種と緑色種、中間種に大別されます。日本で多く流通しているのは中間種で、これは茎が長くて、筋が少なく、肉厚。代表的なものにはコーネルセロリがあります。

　緑色種は中間種より小型で香り高く、筋が少なく肉厚で、アメリカなどで好まれているようです。黄色種は筋が多く肉薄です。

　最近では、サラダ用などに水耕栽培されたホワイトセロリも出回っています。このほか、日本ではスープセロリと呼ばれているキンサイ（芹菜）などもあり、中国料理に使われます。

　また、セロリの変種にセルリアクがあり、根セロリ、イモセロリ、セロリラブとも呼ばれています。これは茎ではなく、肥大した根を食用とします。

正解 ☞ C

# Q85

野菜

次の中でソラ豆の漢字表記でないのはどれでしょう。

[A] 空豆
[B] 蚕豆
[C] 花豆

### 解説

　ソラ豆はさやが空に向かってつくので空豆、またさやの形が蚕（かいこ）に似ていたり、養蚕期にできることから蚕豆の漢字が当てられます。

　未熟豆は野菜として、成熟豆は乾燥させて利用します。野菜としてのソラ豆は周年出回りますが、旬は春から初夏です。一寸豆やお多福豆などの大粒種と、八分豆（はちぶ）などの小粒種に大きく分けることができます。

　購入する際には、できるだけさやつきのもので、さやの背筋が変色しておらず、全体が鮮やかな緑色で張りがあって、外見で種子の大きさがそろっているものを選びましょう。むき実にすると鮮度の劣化が著しいので、調理する直前にさやからはずします。

　ちなみに、豆のツメの部分は熟すにつれて黒くなり、お歯黒と呼ばれます。

　乾燥豆のほうはフライビーンズや煎り豆などの菓子や煮豆、豆瓣醤（トウバンチャン）などの原料として用いられます。乾燥豆は大半を中国から輸入しているのが現状です。

正解 ☞ C

# Q86 野菜

チンゲンサイの仲間でない野菜はどれでしょう。

・・・・・・・・・・・・・・・・・・・・・・・・・・・

［A］パクチョイ
［B］チコリ
［C］タアサイ

## 解説

　チンゲンサイは日本に最も定着した中国野菜といえるでしょう。紀元前にヨーロッパから中国に伝わったカブが、葉菜として改良されたもののひとつです。同じアブラナ科の仲間にパクチョイ、タアサイなどもあります。

　日中国交回復を機に多くの野菜が中国から導入され、名称の混乱などもあり、1983年に農林水産省が軸の青いものをチンゲンサイ（青梗菜）、白いものをパクチョイと定めました。

　チンゲンサイは周年出回りますが、旬は冬。最近では、ミニサイズのものや、トウ立ちした茎とその花芽を食べる青梗菜花なども出回っています。

　パクチョイは葉が濃緑色、軸が白色でコントラストが美しい。タアサイは葉に縮れがあり濃緑色で、生育温度により、葉が短く放射状に広がるものと葉が立ち上がるものがあります。パクチョイとタアサイの出回り時期と旬はチンゲンサイと同じです。

　ちなみにチコリはキク科に属し、ヨーロッパから伝わった西洋野菜です。白菜の芯のような形で、葉は黄色のほか、赤い色のものもあります。

正解　☞　B

# Q87 野菜

**ニラを軟白栽培したものは何と呼ばれるでしょう。**

[A] 花ニラ
[B] 黄ニラ
[C] 青ニラ

## 解説

　ニラと聞けばレバニラ炒めなどスタミナ料理を連想する人は少なくないはず。ニラは葉を刈り取っても何度ものびてくる生命力の強い野菜で、ネギの仲間、また緑黄色野菜でもあります。特有の刺激臭は硫化アリル類です。
　ニラは扁平な緑色の葉を食べる葉ニラと、蕾のついた茎を食べる花ニラがありますが、通常ニラといえば葉ニラを指します。これには大葉種と、今ではほとんど目にしない小葉種（在来種に多い）があります。周年出回っていますが、旬は春から夏です。また、収穫時期により夏ニラ、冬ニラにも分けることができます。
　葉ニラを軟白栽培したものが黄ニラで、やわらかいのが特徴です。
　花ニラにはテンダーポールと呼ばれる品種があり、これは葉ニラがトウ立ちしたものではなく、花ニラ専用品種です。また、観賞用の花ニラは別の仲間で食用にはなりません。

正解 ☞ **B**

# Q88 野菜

ニンニクの成分で殺菌効果があるとされるものは何でしょう。

・・・・・・・・・・・・・・・・・・・・・・・・・・・・・・・・・・・・

［A］インドメタシン
［B］ナイアシン
［C］アリイン

### 解説

　ニンニクはユリ科ネギ属で、ニラ、ネギなどと同じ仲間。これらにおいの強い野菜は葷とも呼ばれ、禅寺などの門前に標示される「葷酒山門に入るを許さず」の葷は、これらの野菜のことです。

　多く出回っているニンニクには、白く大粒の鱗片（りんぺん）がつく、寒地種の福地ホワイトや暖地種の壱州早生（いしゅうわせ）などがあります。ほかに鱗片が1個の品種もあります。

　収穫は春から秋ですが、貯蔵により周年出回ります。

　ニンニクに含まれるアリインという成分は、ニンニクをつぶしたり切ったりするとアリシンに変化します。これがにおいの正体であり、殺菌効果もあって注目されています。

　ニンニクは若い葉や茎も利用します。葉は葉ニンニク、茎のほうはニンニクの芽（茎ニンニク）などと呼ばれ、どちらも鱗片のニンニクと比べてにおいはマイルドです。

正解　☞　C

# Q89 野菜

フキの漢字表記として使われているのはどれでしょう。

- [A] 萱
- [B] 蕗
- [C] 薹

## 解説

フキは数少ない日本原産の野菜。古い呼び名の「フフキ」が略された、あるいは冬に黄色い花をつけるので「冬黄(ふゆき)」と呼んでいたのがフキになったなどといわれています。蕗の字を当てる由来は定かではありません。

フキの食用となる部分は蕾と中空の茎と葉です。蕾はフキノトウと呼ばれ、ハウス栽培のものが11月ごろから、2〜3月には野生のものが出回ります。独特な香りとほろ苦味があり、その苦味成分のひとつはアルカロイドです。

茎や葉を食用とするものの多くは、愛知早生(あいちわせ)フキです。ほかに水フキという、少し小ぶりで苦味が少なく、色や香りがよく、やわらかいものも少量出回ります。

また、主に砂糖漬けなど加工用の大きな秋田フキなどもあります。

ヤマフキとして出回っているものは、フキノトウ専用品種の茎を早どりしたもの。暖地の海岸などで見かけるツワブキはフキの仲間ではありません。

正解 ☞ B

## Q90 野菜

ブロッコリーと同じキャベツの仲間でないものは、次のうちどれでしょう。

․․․․․․․․․․․․․․․․․․․․․․․․․․․․․․․․․․․․․․․

［A］葉ボタン
［B］コールラビ
［C］レタス

### 解説

　ブロッコリーはキャベツの野生種が食用に栽培されてできた変種のひとつで、キャベツの仲間です。カリフラワーと同じく花蕾（からい）を食べますが、カリフラワーと違って緑黄色野菜に分類されます。

　市場には周年出回っていますが、旬は冬から春先まで。濃い緑色の花蕾をつけるもの以外に、紫色のものもあり、これはゆでると緑色になります。

　また、次々と分岐する茎とその先端の花蕾を食するものもあり、これはわき芽ブロッコリーまたはスティックセニョールと呼ばれます。

　ここでキャベツの仲間を整理しておきましょう。花蕾を食べるブロッコリーやカリフラワー、蕾のついた茎と若い葉を食べるカイラン、葉を食べる結球性のキャベツと不結球性のケール、茎がカブのように丸く肥大した部分を食べるコールラビ、葉のつけ根にできる芽が小球となった部分を食べる芽キャベツ、食用ではありませんが観賞用の葉ボタンなどが仲間です。

正解　☞　C

# Q91 野菜

**糸ミツバの別名はどれでしょう。**

[A] 白ミツバ
[B] 黄ミツバ
[C] 青ミツバ

### 解説

　特有の香気のあるミツバは、3つの小さな葉をつけるところから名前がつけられたようです。セリ、フキ、ウドなどと同じく昔から日本の野辺や水辺に自生していた野草のひとつです。
　現在出回っているミツバは、栽培法により糸ミツバ、根ミツバ、切りミツバの3種類に分けることができます。
　糸ミツバは青ミツバとも呼ばれ、種子を密に播いて若い株を根つきで収穫したもので、露地栽培やハウス栽培、水耕栽培などにより周年出回ります。茎は緑色で細く、長さはふぞろいです。旬は露地物が出回る春です。
　根ミツバは、1年かけて成長させた根に土寄せし、茎の一部を軟化させ、根つきのまま収穫したものです。茎の太さはまちまちで、長さもふぞろい。周年出回りますが旬は春です。
　切りミツバは白ミツバとも呼ばれ、茎を軟白栽培し、根を切り落として収穫したものです。茎は白く、太さ・長さ共にそろっています。周年出回りますが、旬は冬といわれています。

正解 ☞ C

## Q92 野菜

ヤマノイモの旬とされるのは、次のうちどれでしょう。

[A] 冬
[B] 春
[C] 夏

### 解説

　日本でとれるヤマノイモは、原産地により3種類に大別できます。いずれも旬は冬です。
　中国原産のものは、棒状で水分の多い長イモ、扁平形（へんぺい）のイチョウイモ、塊形で肉質が緻密（ちみつ）なツクネイモなどで、市場の大半を占めています。またツクネイモには、表皮の黒い丹波イモや大和イモなどと、白い伊勢イモなどがあります。
　日本原産のものは細長いジネンジョ（自然薯）で、多くは栽培ものです。
　東南アジアを原産とするのは、3kg以上の大きな塊形のダイジョ（大薯）。南九州や沖縄などで栽培が行われており、肉色は白、紅紫などがあります。

　ヤマノイモ特有の粘り成分はタンパク質と多糖類のマンナンが結合したムチンです。またヤマノイモはデンプン分解酵素を多く含むので、とろろなど生で食べても消化がよいのが特徴です。
　ジネンジョや長イモなどの葉のつけ根にできる直径1～2cmほどの塊（かたまり）はムカゴといい、加熱して食用とします。

正解 ☞ A

# Q93

野菜

レンコンは何の植物の地下茎でしょう。

- [A] 茗荷(みょうが)
- [B] 蓮芋(はすいも)
- [C] 蓮(はす)

## 解説

蓮は寺の池や城の堀などによく植えられています。蓮の地下茎の肥大したものがレンコンです。花や葉は観賞用以外に蓮茶などとしても利用され、種子は蜜煮や蓮の実あんなどに利用されます。

レンコンは周年出回りますが、旬は冬です。在来種、備中種、支那種に分けることができます。在来種は皮も肉も黄褐色で肉薄、粘質です。備中種は微褐色で肉厚、粉質ですが支那種より粘りがあります。加賀レンコンはこの仲間です。支那種は白色で肉厚、粉質で太く、流通の大半を占めます。なおレンコンは収穫後、時間の経過とともに褐色に変わります。

新レンコンやハウスレンコンなどと呼ばれるものはハウスなどで促成栽培された細いもので、5月末ぐらいから出回ります。

通常出回っているレンコンは、葉や茎が枯れた状態で収穫するため表皮は白っぽいですが、葉や茎が青い状態で収穫すると表皮だけが赤っぽくなり、「赤しぶ」などと呼ばれたりします。

正解 ☞ C

# Q94

キノコ

広葉樹などのおがくずに栄養源を加えて育てるシイタケ栽培法を、何と呼ぶでしょうか。

[A] 菌耕栽培（きんこうさいばい）
[B] 菌床栽培（きんしょうさいばい）
[C] 菌養栽培（きんようさいばい）

### 解説

　シイタケは日本で日常的に利用されるキノコのひとつ。その栽培方法は2種類あります。広葉樹などのおがくずに栄養源を加えてかためたものに、菌を植えつけて温度や湿度を管理した屋内で栽培する菌床栽培と、クヌギやコナラなどの木を枯らし、そこに菌を培養した種菌と呼ばれる木片を埋め込み、林間地などで栽培する原木栽培です。

　原木栽培は収穫効率が悪く、形もふぞろいになりますが、天然物に近い味わいや風味があります。販売する商品には栽培方法の表示が義務づけられています。

　シイタケは干すことにより、旨味成分（グアニル酸）や香りが増します。干しシイタケには、肉厚で傘が半分くらい開いて表面がなめらかな冬菇（どんこ）、傘が開いて肉の薄い香信（こうしん）、その中間の香菇（こうこ）などがあります。また冬菇の傘の表面に亀裂が入り、それが花模様のように見える花冬菇（はなどんこ）、その亀裂が大きいために白っぽく見える天白冬菇（てんぱくどんこ）と呼ばれるものもあります。

正解 ☞ B

# Q95 キノコ

マッシュルームのことをフランスでは何と呼ぶでしょう。

[A] ポルチーニ
[B] シャンピニョン
[C] エリンギ

### 解説

　世界で最もポピュラーなキノコといわれるマッシュルームは、生産量も世界一。フランスではシャンピニョン、またはシャンピニョン・ド・パリ（パリのキノコの意味）と呼ばれますが、これはパリ近郊の採石場跡で栽培されていたことに由来します。

　日本国内で栽培されて出回っているマッシュルームには、ホワイト種、ブラウン種などがあります。ホワイト種は最も多く出回っており、傘が閉じていて、全体が真っ白で張りのあるものが良質とされています。日本で水煮などの缶詰に加工されるのはこの種です。

　ブラウン種は表面が茶色で、肉質が緻密（ちみつ）です。

マッシュルームで傘の表面が松笠状にささくれているものは、栽培時に空調などの風に当たったためです。

　最近、市場に傘の直径が10cmもあるようなジャンボマッシュルームが出回っていますが、これは傘を開かせずに巨大化させたものです。

　なお英語のマッシュルームもフランス語のシャンピニョンも、キノコ類の総称の意味もあります。

正解 ☞ B

# Q96

果物

赤いイチゴは、植物でいうとどの部分を食べているのでしょう。

[A] 花蕾（からい）
[B] 花弁（かべん）
[C] 花托（かたく）

### 解説

　イチゴのふだん食べているところは、植物的には花托（または花床（かしょう））と呼ばれる「がく」などのついている部分が肥大したものです。

　旬は露地物が出回る春ですが、周年栽培されていて12〜4月が出荷のピークとなります。

　品種改良と好みの変化で新旧交代が繰り返されています。2大横綱として有名だった東の「女峰（にょほう）」西の「とよのか」も、今では「とちおとめ」「さがほのか」「あまおう」などに消費者の好みは移行しています。

　甘味はへたに近い部分よりも先端部ほど強くなります。また中心よりは果皮に近いほど甘味があります。

　イチゴを選ぶ際には、全体に艶（つや）があり、赤色が均一で、へたの緑色が濃く、しおれていないものを選びましょう。

　なお、イチゴ、スイカ、メロンなどは市場では果物として扱われますが、農林水産省の統計上は野菜扱いです。

正解 ☞ C

# Q97

果物

スイカの英語名は次のどれでしょう。

[A] ビッグメロン
[B] スイートメロン
[C] ウオーターメロン

### 解説

スイカは漢字で西瓜と書くようにウリ科の果物です。英語ではウオーターメロン。可食部の90％近くは水分で、まさに夏の果物といえます。

果肉の色により赤肉種、黄肉種、白肉種に大別され、市場に出回っているのは多くが赤肉種で、一部黄肉種もあります。形は大半が球形の大玉や小玉、そのほかに楕円形のものや、観賞用の角柱形のものもあります。果皮はしま模様だけでなく、全体が深緑色や黒色、黄色のものもあります。

日本では種を嫌う人もいて、種なしスイカも栽培されています。中国などでは、炒ったスイカの種を食用にするため、種を収穫するためだけの品種も栽培されています。

スイカは中心部ほど甘味が強く、果皮に近づくほど甘味が弱くなります。また冷やすと甘味が増します。

種はおおむね果皮の黒いしまの部分にあるとされるので、カットする際の参考にできます。

正解 ☞ C

# Q98

果物

メロンの王様で知られるマスクメロンは、その栽培方法から何メロンと呼ばれているでしょう。

[A] ハウスメロン
[B] 温室メロン
[C] 露地メロン

### 解説

メロンは果皮の状態により網目のあるネット系と網目のないノーネット系があります。また、果肉の色で緑肉種、赤肉種、白肉種に、さらに栽培方法で温室メロン、ハウスメロン、露地メロンに分けられます。

網目の正体は、果肉が果皮より成長しようとして果皮にひび割れができ、そこを埋めるためにできたコルク層。網目が細かく均等に入り、その盛り上がりが高いものほど良質とされます。

温度管理された温室で栽培される温室メロンには、ネット系で緑肉種のマスクメロンがあります。名前は香料の一種の麝香（じゃこう）（英語でマスク）に由来しています。

ハウスメロンには、ネット系で赤肉種の夕張メロンや緑肉種のアンデスメロン、ノーネット系で緑肉種のアムスメロン、白肉種のホームランメロンなどがあります。また、露地メロンにはノーネット系で赤肉種のプリンスメロンなどがあります。

ほかに、懐かしい東洋系のマクワウリも健在。なお、メロン栽培途中で摘果（てきか）した小さな未熟果を小メロンなどと呼び、漬物などに利用します。

正解 ☞ B

# Q99

野菜

ワケギの旬は、次のうちどれでしょう。

[A] 夏から秋
[B] 冬から春
[C] 周年

### 解説

　ワケギは主に西日本で栽培され、流通しています。漢字で分葱と書くように根元がいくつかの株に分かれています。植物学上はネギと別種で、ネギとタマネギの雑種から生まれました。ネギと違って種子はできず、地下の鱗茎（りんけい）が株分かれして増えます。旬は冬から春です。購入するときは、根つきで、鱗茎部が確認でき、葉が緑色で張りのあるものを選びましょう。

　なお、関東でワケギと呼ばれているものは、ワケネギといって葉ネギの一品種ですが、株分かれします。本来のワケギと比べると、鱗茎は小さく葉は太く長いという特徴があります。関東でワケギを購入する場合は、本来のワケギかどうか見極める必要があります。最近、千葉や埼玉からワケネギと表示したものも出回っています。

　ワケギと同様に鱗茎で増えるものにアサツキがあります。アサツキは浅葱と書き、本来は最も細いネギの仲間で、関東で多く売られているような葉ネギを若どりしたものではありません。

正解 ☞ B

# Q100　野菜

福井県の名産で、三年子（ねんご）のラッキョウを甘酢漬けにしたものを何というでしょう。

[A] 山らっきょ
[B] 甘らっきょ
[C] 花らっきょ

## 解説

　ラッキョウは甘酢漬けにされたものをよく見かけますが、「花らっきょう」は某社の商標で、「花らっきょ」は福井県の名産品です。この「花」の由来は、ラッキョウの両端を切り落とした端切り（はな）ラッキョウから転じたようです。
　生のラッキョウが出回るのは5～6月ごろ。泥つき皮つきのものが「土つきラッキョウ」「泥ラッキョウ」の名で、洗って根を落とし皮をむいたものが「洗いラッキョウ」の名で店頭に並びます。
　ラッキョウは冬を一度越した二年子より、2度越した三年子のほうが球が小さくなり、数も多く収穫できます。品種では大球のラクダや中球の八房（やつぶさ）、小球の九頭竜（くずりゅう）、小球で台湾から導入された分球の多い玉ラッキョウなどがあります。また、沖縄では島ラッキョウが栽培されています。
　日本ではラッキョウを軟白栽培して若どりした生食可能なものがエシャロットとして売られていますが、本来のエシャロットとは異なります。
　本来のエシャロットはタマネギの変種で、分球していて形は小型のタマネギ状。欧米では香味野菜として利用します。

正解　☞　C

# Q101　野菜

**ニガウリの標準和名は、次のうちどれでしょう。**

[A] ツルムラサキ
[B] ツルレイシ
[C] ツルニチソウ

### 解説

　ニガウリはゴーヤーなどとも呼ばれ、漢字では苦瓜が当てられます。標準和名のツルレイシ（蔓茘枝）は表面のいぼ状の突起が果物のレイシに似ているので命名されたようです。

　名前の通り果皮に苦味のある未熟果を食べますが、産地や品種などにより苦味の程度は違います。

　沖縄で多く栽培されているのは、ずんぐりとして肉厚、果皮が濃緑色で突起が大きいものです。ほかに中長のものも栽培されています。

　九州で多く栽培されているのは、キュウリのように細長く、突起が細かいものです。一般的に、細長いニガウリのほうがずんぐりしたものより苦味は強いようです。なお、この苦味成分はモモルデシンです。

　ほかに果皮が白い白ニガウリや、流通にはのりませんが、形が球形のものや突起のとがっているものもあります。

　ハウス栽培により周年出回りますが、旬は夏です。ニガウリに多く含まれるビタミンCは油で炒めてもほとんど失われないのが特徴です。

正解　B

# Q102 野菜

オクラはそのさやの断面などが似ているところから、別名何と呼ばれているでしょう。

[A] オカレンコン
[B] ナツナガイモ
[C] ヘチマモドキ

### 解説

　ヌルヌル、ネバネバが身体によいということで注目を集めている緑黄色野菜のオクラ。断面に粘りがありレンコンに似ているためか、オカレンコンの別名を持っています。この粘りの成分はムチンやペクチンなどです。

　旬は夏ですが、周年出回っています。多くはさやが濃緑色で先がとがって五稜がはっきりしており、表面はうぶ毛で覆われて、断面は五角形です。ほかにさやの形が八稜で断面が八角形のものや、沖縄で栽培されている島オクラのように、稜がなく断面が円形のものなどがあります。また、これらを早どりした小さなミニオクラもあります。

　さらに、さやが赤い赤オクラや、白みがかった薄緑色の白オクラなどがあります。

　最近では実ではなく花を食する花オクラもあり、開花する前の状態のものが市場に顔をだしています。

　購入するときは、さやの色が美しく、変色もなく、表面のうぶ毛がやわらかくて、へたの切り口がみずみずしいものを選びましょう。

正解 ☞ A

## Q103 野菜

春、最初に顔をだすタケノコの品種は、次のどれでしょう。

[A] 真竹（まだけ）
[B] 孟宗竹（もうそうちく）
[C] 淡竹（はちく）

### 解説

　タケノコは竹の若い芽のことで、地下茎から出るため収穫は思うようにいきません。

　春、最初に顔をだすのは孟宗竹、その後に淡竹、真竹と続きます。孟宗竹はえぐみが弱く、最も大きくて肉厚です。淡竹はえぐみが弱くて、孟宗竹より細長い。真竹は皮に斑点のあるのが特徴で、えぐみはやや強く淡竹より細くなっています。

　竹以外に笹から出るタケノコもあり、根まがり竹や寒山竹（かんざんちく）などが食用となります。

　また、孟宗竹には白子（しろこ）と黒子（くろこ）があります。白子は地中から掘り出したもので、日光に当たっていないため、えぐみが弱く、皮の色も薄いのが特徴です。京都などでは、土にも手を加え、冬に堆肥（たいひ）を入れたりと手間をかけて管理しているため、価格も相応に高いものがあります。

　黒子は白子よりえぐみが強く、皮の色も黒っぽくなっています。

正解 ☞ B

# Q104 野菜

スプラウトとして利用されないものは、次のどれでしょう。

[A] ブロッコリー
[B] アスパラガス
[C] 大豆

### 解説

　スプラウトとは発芽野菜の総称で、野菜の種子を水に浸して水分を含ませてから発芽させたものです。水耕栽培のため周年出回ります。

　種子の種類や栽培方法により、カイワレ系とモヤシ系に分けられます。

　カイワレ系は主にアブラナ科の種子が用いられ、発芽後に光を当てて緑化させます。辛味のあるカイワレダイコンをはじめ、ほのかな辛味のブロッコリー、特有な香りのマスタード（カラシ菜）やクレス（クレソンの一種）、茎が赤紫色のレッドキャベツ、クセが少ないソバ、そのほかに豆苗、キャベツ、ロケット（ルコラ）、ラディッシュ、ゴボウ、ミズナ、ヒマワリなどがあります。

　また、単品種ではなく、いろいろな種子をミックスして発芽させたグリーンスプラウトなどもあります。

　モヤシ系は主に豆類が用いられ、発芽後緑化させません。大豆モヤシのほか、緑豆モヤシ（グリーンマッペ）、ブラックマッペ、アルファルファ、ピーナッツ、ゴマなどがあります。

正解　☞　B

# Q105　魚介

産卵を終えた時期のタイは、何と呼ばれているでしょう。

[A] 落ちダイ
[B] 麦わらダイ
[C] 稲穂ダイ

### 解説

　日本にタイと名のつく魚は300種類以上いるといわれますが、タイ科の魚は十数種です。
　一般的にタイといえばマダイを指します。赤い体色に鮮やかな青い斑点が点在するのが特徴です。旬は冬から春。身に脂ののる産卵直前が瀬戸内の桜の開花期にあたることから、この時期のマダイを桜ダイと呼びます。そして産卵を終えて脂が落ちるのは麦の収穫期で、麦わらダイといいます。
　マダイの理想的な大きさは「目の下一尺」といわれています。天然物の産地は関東では外房などが、関西では明石や鳴門、和歌山の加太などが有名です。明石鯛の名はブランドになっています。
　天然物は周年出回りますが、需要に比べ供給が少なく、そのため養殖物や輸入物（豪州マダイなど）が周年出回っています。
　ほかにエラぶたの縁が赤い血ダイ、体色が黄色みがかった赤色の黄ダイ（レンコダイ）、体色が黒っぽい黒ダイなどがタイ科の仲間です。

正解　B

# Q106

魚介

**通称本マグロと呼ばれているのは、次のどれでしょう。**

[A] トロマグロ
[B] カジキマグロ
[C] 黒マグロ

### 解説

　世界的な日本食ブーム、とりわけ寿司などの人気により、マグロの資源管理が国際的な関心事となっています。

　マグロは世界各地の外洋を高速で回遊する赤身魚です。種類により分布域が異なります。

　本マグロの正式名称は黒マグロ。体長1〜2mほどに成長し、主に北半球に分布し、南半球にはまれです。南マグロは名が示すように南半球にしか分布しておらず、インド洋でとれることからインドマグロともいわれます。キハダは暖海に分布しており、脂肪分の少ない赤身、メバチはずんぐりとして体のわりに眼が大きく、ビンナガは小型で、胸ビレが長いのが特徴です。ほかにコシナガや大西洋マグロなどがあります。

　一般的にマグロの腹側の脂ののった身をトロといいますが、背側も脂が多いとトロとして扱います。

　関西でいうヨコワ、関東でいうメジは黒マグロの幼魚のことです。

正解　☞　C

# Q107　魚介

**初ガツオおよび戻りガツオについて、次のうち正しいものはどれでしょう。**

[A] 初ガツオのほうが脂がのっている
[B] 戻りガツオのほうが脂がのっている
[C] 脂ののりは両方同じ

### 解説

　初夏を五感でたたえた句に「目には青葉　山ほととぎす　初がつほ」があります。この句に詠まれているように、初夏に日本列島沿岸を北上するカツオが「初ガツオ（またはのぼりガツオ）」として出回ります。カツオは3月ごろに九州南部に現れ、4～6月にかけて土佐から伊豆、房総沖を通り、7～8月に三陸沖に達します。

　反対に秋に海水温が下がりはじめると南下するものを「戻りガツオ（またはくだりガツオ）」と呼び、脂がのっています。暖海を回遊する赤身魚のカツオには、いわば2つの旬があるわけです。

　カツオの漁獲高の約半分は鮮魚として出回りますが、残りは加工用でカツオ節や缶詰などにされます。

　カツオをおろしてゆで、軽く水分をとり、骨などを抜いたものがなまり節です。これをさらに燻しながら乾かし、カビづけするとカツオ節※になります。

　油漬けの缶詰は、マグロと同じようにライトツナ、ライトミートなどと呼ぶこともあります。

※カツオ節『料理検定 公式問題集＆解説 [3級]』P29参照

正解　☞　**B**

## Q108 魚介

棒ダラの説明で正しいのはどれでしょう。

[A] マダラを素干しにしたもの
[B] マダラを棒状におろして冷凍したもの
[C] 北国の郷土料理の名前

### 解説

　お腹いっぱい食べることを「たらふく食べる」といいます。旺盛な食欲と膨れた腹で知られるタラは、鱈腹と当て字に使われています。

　タラは寒海に生息し多くの種類がいますが、日本近海にはマダラ、スケトウダラ、コマイの3種類が分布しています。いずれも冬に産卵期を迎え、脂のよくのったこの時期が旬となります。

　マダラは全長1mほど。雄の精巣である白子は珍重され、菊子、雲腸などと呼ばれます。

　スケトウダラは全長70cmほど。主にすり身に用いられ、卵巣の塩漬けがタラコとなります。

　コマイはマダラより細く、全長は40cmほどと小型。漁獲のほとんどが干物や塩漬けに用いられます。

　なお、タラ類は鮮度が落ちやすいので多く塩乾品にします。素干しの棒ダラは、マダラのあごと尾を残して頭と内臓を取り、切り開いて背骨を取って干したものです。ほかに頭と内臓を抜いただけの丸干し、また開いて塩をして干した開きダラ、三枚におろして塩干ししたすき身ダラなどがあります。

正解 ☞ A

# Q109

魚介

次の中で俗に出世魚と呼ばれていないものはどれでしょう。

[A] ボラ
[B] タイ
[C] スズキ

**解説**

　ブリやボラなどと同じく、スズキは出世魚として知られています。出世魚とは、成長するにつれて呼び名が変わる魚のことです。スズキの場合、30cmに満たないものがセイゴ、30～60cmを関東ではフッコ、関西ではハネといいます。60cm以上になるとスズキと呼ばれ、さらに1mぐらいに成長したものはオオタロウと呼ばれます。そのほか、腹に卵を持っているものをハラブトスズキと呼びます。

　スズキは日本各地の沿岸から南シナ海に分布しています。沿岸や内湾の海水域だけでなく、河口など海水と淡水が混じる塩分の少ない汽水域にも生息し、汽水湖の浜名湖や宍道湖などでも漁獲があります。また河川の淡水域でも生息が確認されています。

　スズキは白身魚で、旬は夏とされています。周年出回りますが天然物の漁獲量は冬場に多く、漁獲の少ない夏場は価格も上昇するので、養殖物は夏場を中心に出回ります。

　スズキの近縁種に体高が高いヒラスズキなどもあります。

正解　☞　B

# Q110　魚介

眼の位置によるヒラメとカレイの一般的な見分け方で、正しいのはどれでしょう。

[A] ヒラメは右側に眼がある
[B] ヒラメは中央に眼がある
[C] ヒラメは左側に眼がある

### 解説

　ヒラメとカレイは外見がよく似ているように、同じカレイ目の魚です。ヒラメとカレイの見分け方のひとつに「左ヒラメに右カレイ」という俗諺があります。眼のついている位置で判断するものですが、実際には眼のある側を上にして、腹を手前にしたとき、頭が左側にくるのがヒラメ、右側にくるのがカレイと判断します。ただヌマガレイのように例外もあります。
　ヒラメはサハリン(樺太)、千島列島から南シナ海に分布し、日本では沿岸各地に生息している白身魚です。市場には周年出回りますが、旬は冬。特に旬のヒラメは寒ビラメと呼ばれ、人気が高いようです。巨大なものは1m近くにまで成長します。また、ヒラメは有眼側(ゆうがんそく)の体色が保護色で、海底の色などで変化します。
　天然物は無眼側(むがんそく)の体色が白く、養殖物には一部が黒っぽくなるものがあるので、両者の区別ができます。
　ヒレのつけ根の身を縁側(えんがわ)と呼び、脂がのって独特な食感があります。

正解　☞　C

# Q111　魚介

サワラの正しい漢字表記はどれでしょう。

[A] 鰍
[B] 鮗
[C] 鰆

## 解説

　サワラは50cmまでのものを関東ではサゴチ、関西ではサゴシと呼び、それ以上をサワラと呼びます。そのサワラの中で70cm未満のものを関西ではヤナギと呼びます。

　サワラはサバ科にしては細長い形が特徴。腹がほっそりしているのでサワラ（狭腹）の名がついたともいわれます。漢字では鰆と書き、関西では漢字の通り旬は春です。産卵のために瀬戸内海に入ってくる春から秋にかけてよくとれます。

　関東では旬は冬で、この時期に漁獲量が多く、脂がのったものを寒ザワラと呼んでいます。

　サワラは北海道以南の日本の沿岸から東シナ海に分布しています。サバ科に属していますが白身魚で、肉質がやわらかく身割れすることもしばしばあり、取り扱いには注意が必要です。

　加工品では切り身にして味噌や醤油、粕などに漬けたものがあり、西京味噌（白味噌の一種）に漬けた西京漬けは有名です。また卵巣は西日本の一部地域ではカラスミとしても加工されます。

正解　☞　C

## Q112 魚介

旬を迎えたイサキの呼び方で、正しくないものはどれでしょう。

[A] 桜イサキ
[B] 麦わらイサキ
[C] 梅雨イサキ

### 解説

　初夏を旬とするイサキ（イサギ）。漢字では伊佐木や鶏魚などが当てられています。暖海性の白身魚で、関東、北陸以南の日本各地から南シナ海に分布し、沿岸の藻場の多い岩礁域の底に生息しています。

　旬を迎えたイサキを「麦わらイサキ」と呼びます。脂ののる産卵前が麦の収穫期と重なることからの命名で、産卵後に味の落ちる「麦わらダイ」とは意味が逆になります。また、この時期は梅雨時でもあることから「梅雨イサキ」の名もあります。

　イサキは市場に周年出回りますが、その大半は天然物で、ごく一部が養殖物です。養殖物といっても卵や稚魚から育てるものは少なく、中国本土や香港などから150〜200gのイサキを輸入し、日本で蓄養※して市場で好まれる300g以上に仕上げて出荷されます。

　イサキは鮮度がよくても眼が白く曇ってみえることがあるので、選ぶ場合は、エラが鮮紅色で、腹の締まりがよく、艶やかなものにしましょう。

※蓄養　捕獲した魚を、出荷前に生け簀などで餌を与えて飼育すること。

正解　☞　A

## Q113 魚介

**アユが持つ別名として誤っているのはどれでしょう。**

[A] 香魚
[B] 爽魚
[C] 年魚

### 解説

　アユは夏を代表する川魚。多くが1年で一生を終えることから年魚、また水ゴケなど藻類を食べ、身から特有の香りを放つことから香魚とも呼ばれています。秋に川で孵化して海に下り、春に稚魚となって川を上ります。夏には中・上流域で成魚となり、夏の終わりごろには、産卵のために落ちアユとなって川を下ります。

　天然物には特有の香りがあり、脂肪が少なく、胸ビレ付近の体側に鮮やかな黄色の斑紋を呈します。また尾ビレやあぶらビレも黄色を呈します。養殖物は全体的に丸みを帯び、脂肪が多くて特有の香りも強くありません。俗にいう半天然は運動量を増やし、餌料に植物性のものを添加し、天然物に近い状態で仕上げたものです。市場に出回っている大部分は養殖物です。

　アユのほとんどは鮮魚として氷冷状態で、あるいは泳いでいる状態で出荷されます。それ以外は甘露煮や昆布巻などに加工されます。また、内臓は珍味の「うるか」という塩辛に加工されます。卵巣を用いた「子うるか」、精巣を用いた「白うるか」、内臓全体を用いた「苦うるか」などがあります。

正解 ☞ **B**

## Q114 魚介

ホタテ貝は次のどの種類に属するでしょう。

[A] 一枚貝
[B] 二枚貝
[C] 巻き貝

### 解説

昔は片方の殻を帆のように立てて移動すると思われたので、漢字で帆立貝と書いたようです。ホタテ貝は寒海に生息する二枚貝の一種です。日本では、太平洋側が千葉以北、日本海側が富山以北に分布しています。貝殻は扇形でちょうつがい側に耳状の突起があり、貝殻の一方は膨らみがあり、もう一方はほとんど平らです。

通常二枚貝には貝柱と呼ばれる閉殻筋が2つありますが、ホタテ貝は珍しく貝柱が中央にひとつしかありません。

周年出回りますが、旬は冬から春です。天然物は少なく、多くは養殖物です。また、主に夏場に毒化した植物プランクトンを食べることで、自身も毒化することがあるため、出荷が制限されることもあります。

生鮮品には殻つきやむき身、貝柱があります。むき身や貝柱、ひもは、冷凍されたり、乾物、缶詰などに加工されます。特に貝柱をボイルして乾燥したものは干貝（乾貝とも書く）と呼ばれ、中国料理の高級食材のひとつになっています。

正解 ☞ B

# Q115

魚介

ヤドカリの仲間とされているものは、次のうちどれでしょう。

[A] タラバガニ
[B] ズワイガニ
[C] ケガニ

### 解説

　カニの脚数をよく見ると十脚と八脚があり、十脚のものが「カニ」で、海水産ではズワイガニ、ケガニ、ワタリガニなどが、淡水産では上海ガニ、サワガニなどがあります。八脚のものは「カニ型のヤドカリ」で、タラバガニやハナサキガニなどです。

　カニの雌雄は腹部の形状で見分け、雌は丸い形で、雄はとがった形です。また、カニは身以外に卵や味噌も食べられ、甲羅内の未成熟卵を「内子」、腹に抱かれている成熟卵を「外子」といいます。味噌は肝臓と膵臓の働きをする内臓です。

　ズワイガニの旬は冬で、日本では日本海側沿岸と太平洋側では仙台湾以北に生息しています。北陸の一部では越前ガニ、山陰では松葉ガニと呼ばれます。最近では丹後半島の間人ガニや兵庫北部の津居山カニなどがブランド化されています。いずれも雄で、雌は小型で、セイコ（セコ）ガニやコウバコガニなどと呼ばれます。

　同じ仲間の紅ズワイガニは、ズワイガニより鮮やかな朱紅色で、甲羅にふくらみがあります。肉量が少なく水っぽいため、商品価値は低く扱われます。

正解　☞　A

# Q116

魚介

夏が旬の牡蠣(かき)で、夏牡蠣とも呼ばれているものはどれでしょう。

[A] 真牡蠣
[B] 浜牡蠣
[C] 岩牡蠣

### 解説

　日本で牡蠣といえば普通、真牡蠣を指し、日本の沿岸各地に生息しています。旬は冬です。欧米では「rのつかない月は食べるな」といわれていますが、これは5～8月が産卵期で身がやせ、海水温上昇による有害プランクトンが発生しやすく、貝毒が懸念されるからです。日本でも同じ意味で「花見が過ぎたら牡蠣食うな」などの俗諺(ぞくげん)があります。

　日本では養殖物がほとんどで、食品衛生法に基づく規格基準にのっとった殻つきやむき身をパック詰めした生食用、あるいは加熱用が出荷されています。

　主に日本海側で収穫される岩牡蠣は、夏が旬で夏牡蠣ともいわれます。天然物に加え養殖物もあります。

　牡蠣はグリコーゲンが豊富でミネラル、タウリンなどの栄養素も含むため「海のミルク」と呼ばれます。

　また、ブロンやフランス牡蠣とも呼ばれるヨーロッパヒラ牡蠣は、日本でも養殖されています。

正解 ☞ C

# Q117 　　　　　　　　　　　　　　　　肉

合鴨(あいがも)とは一般的に真鴨(まがも)と何との交配種だといわれているでしょう。

・・・・・・・・・・・・・・・・・・・・・・・・・・・・・・・・・

[A] キジ
[B] ニワトリ
[C] アヒル

### 解説

　鴨は野鴨、合鴨、家鴨(あひる)に分けられますが、家禽化が進み、境目がはっきりしなくなっているのが現状です。

　野鴨は狩猟期の秋から冬の味覚です。代表的品種は真鴨。雄は頭部の羽毛が光沢のある緑色で「青首」と呼ばれ、雌は雄より小型で羽毛は茶褐色です。国産物の流通量は極めて少なく、フランスから「コルヴェール」と呼ばれる真鴨が輸入されていますが、狩猟期のみの限定となっています。近年は囲い飼いをして繁殖させたものが流通しています。

　家鴨は真鴨を家禽化したもので、北京ダックで有名な中国原産のペキン種、フランス原産のバルバリー種などがあり、ペキン種が輸入品の多くを占めています。国産品では大阪アヒルなどがあります。

　合鴨は本来、真鴨と家鴨を交配させたもので、フランスから「カナール・クロワゼ」と呼ばれるものなどが輸入されています。ただ、販売されている「合鴨」は家鴨を含めた飼育鴨の総称となっています。

　鴨肉でロースとして販売されるものは胸肉を指し、だき身とも呼ばれます。

正解 ☞ C

# Q118 肉

生後1年未満の羊の肉を何と呼ぶでしょう。

[A] ラム
[B] マトン
[C] ジンギスカン

## 解説

　ジンギスカン料理の普及などでラムやマトンといった羊肉がずいぶんと身近な食材になりました。

　羊は家畜としての歴史が古く、野生種を含め1000種類以上の品種が存在し、毛用、肉用、乳用、毛皮用など多目的に利用されています。

　食肉用としては現在、国内では早熟早肥で産肉性の高い大型のサフォーク種が主流となっています。この羊は足と頭部に羊毛がなく黒い短い毛で覆われています。消費量の大半はオーストラリアやニュージーランドなどからの輸入物です。

　羊肉は羊の成長によりラムとマトンに分けることができます。ラムは生後1年未満の羊の肉のことで、中でも生後2カ月未満の乳飲み子羊をベビーラムやミルクラムといいます。マトンは生後1年以上の羊の肉のことで、特に生後2年未満の羊の肉をホゲットと呼んで区別する場合もあります。肉質はラムのほうがやわらかく、羊特有の臭みが少ないのが特徴です。

正解　A

# Q119 加工品

日本で流通量の多いバターの種類は、次のうちどれでしょう。

- [A] 発酵バター
- [B] マーガリン
- [C] 非発酵バター

## 解説

バターは生乳または牛乳、特別牛乳の脂肪分（クリーム）を集めて練り上げたものです。乳等省令では乳脂肪分80％以上、水分17％以下、大腸菌群陰性であること、と規定されています。

製法としては2種類あります。ひとつは生乳などをクリームと脱脂乳に遠心分離し、クリームを乳酸菌で発酵させて作った「発酵バター」。欧米では一般的で、発酵による香りや独特な味わいがあります。もうひとつは「非発酵バター」。日本の市販品のほとんどがこのタイプです。

また、バターには食塩添加の有無により、「加塩（有塩）バター」と「食塩不使用（無塩）バター」があります。加塩には保存性を高める目的もあります。

バターの代用品としてフランスで発明されたものに、マーガリンがあります。食用油脂に水等を加えて乳化させたもので、JAS規格では油脂含有率が80％以上のものをマーガリン、80％未満のものをファットスプレッドと分けています。

正解 ☞ C

# Q120

調味料

日本のウスターソース類は何の違いによって3種に区分されているでしょう。

[A] 酸度
[B] 糖度
[C] 粘度

### 解説

　ウスターソース類は、次のように定義されています。「野菜もしくは果実の搾汁、煮だし汁、ピューレまたはこれらを凝縮したものに砂糖類、食酢、食塩および香辛料を加えて調整したもの。あるいは、これらにデンプン、調味料等を加えて調整したもので、茶色または茶黒色をした液体調味料」。
　これらは粘度により、低い順から「ウスターソース」、「中濃ソース」、「濃厚ソース」の3種類に区分されています。
　現在の日本では、ウスターソースの生産は減少傾向が続き、中濃ソースもウスターソースほどではありませんが減少傾向にあります。逆に濃厚ソースは増加傾向にあり、これは中心となるトンカツソース以外に、お好み焼きソースやたこ焼きソースなどの粘度の高いソースが市場に参入したためです。
　さらにトンカツソースでは、ゴマ味噌トンカツソースなども登場し、専用化あるいは多様化が進んでいます。

正解 ☞ C

# 第3部

# 付録

イラスト
中国茶の読み方
レシピ

**Q08**

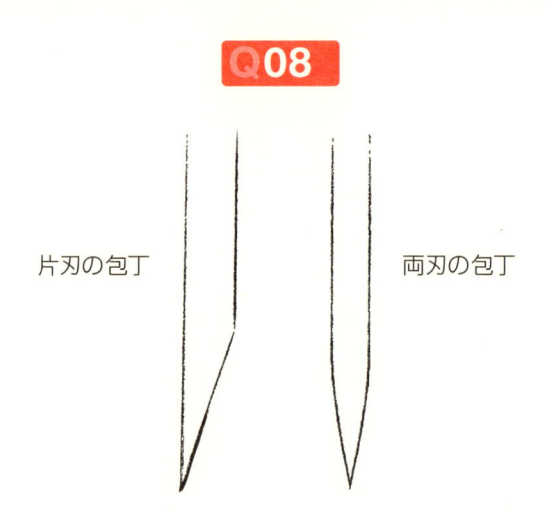

片刃の包丁　　　　　両刃の包丁

**Q17**

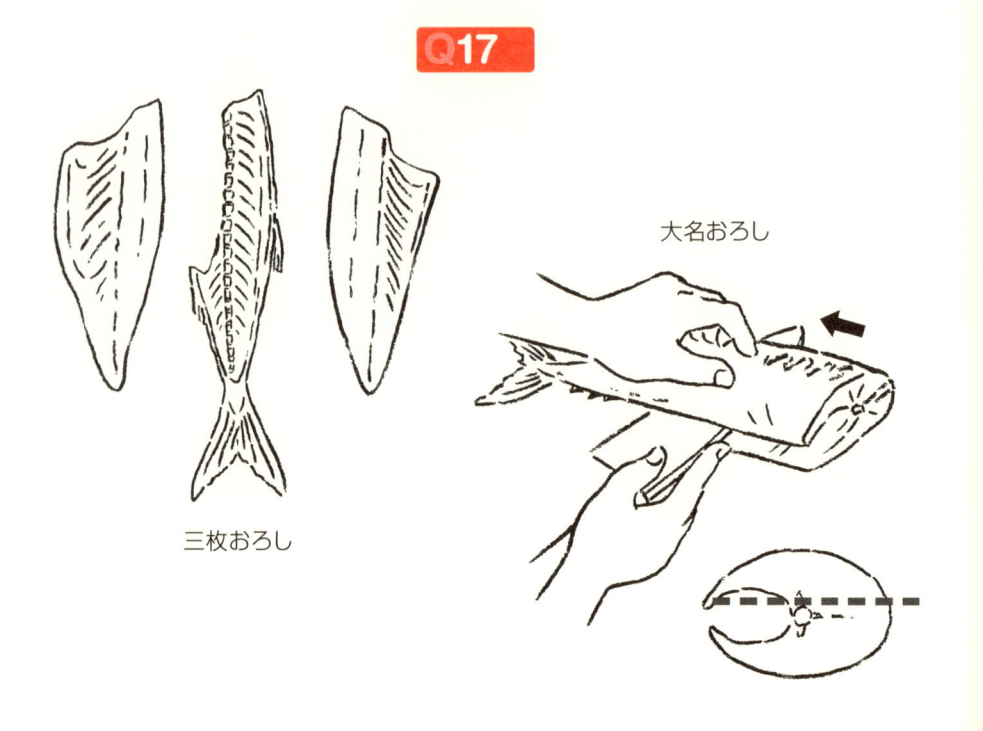

三枚おろし

大名おろし

## Q17

五枚おろし

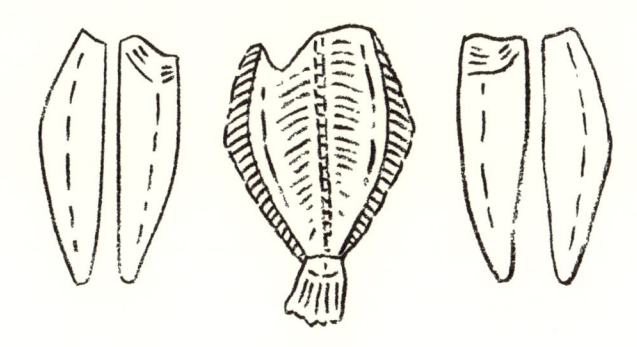

節おろし

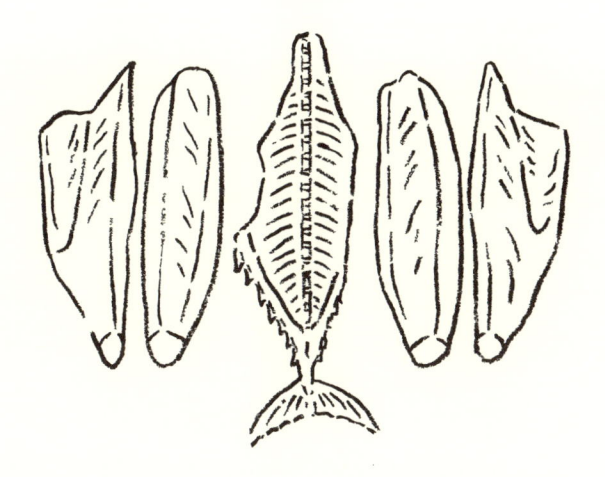

## Q18

節取り

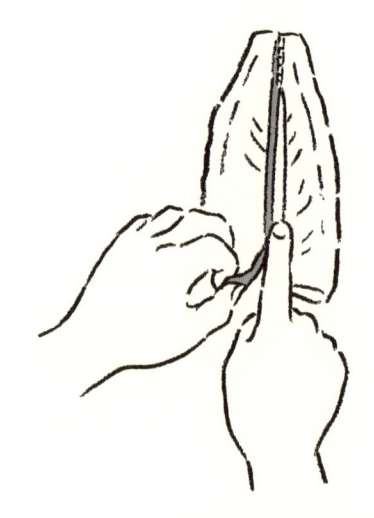

血合いの右側を切る 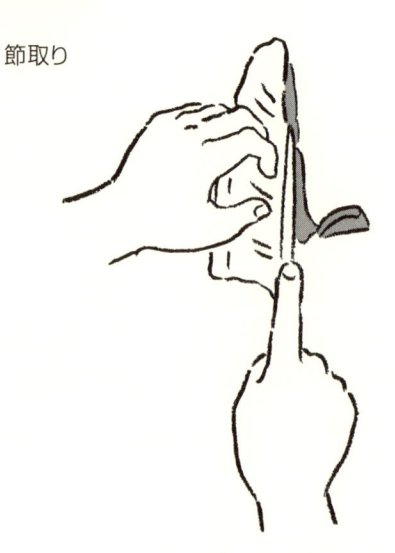 血合いの左側を切る

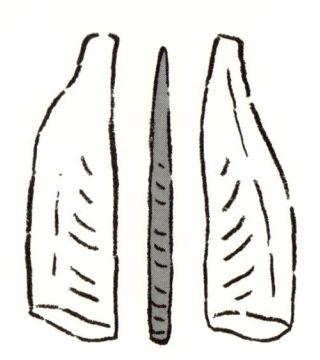

## Q19

桂むき

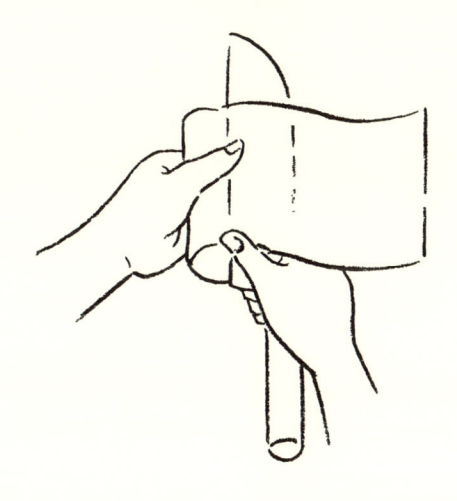

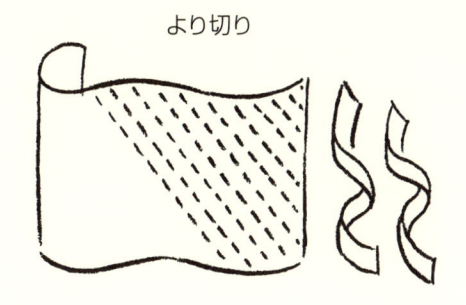

より切り

**Q20**

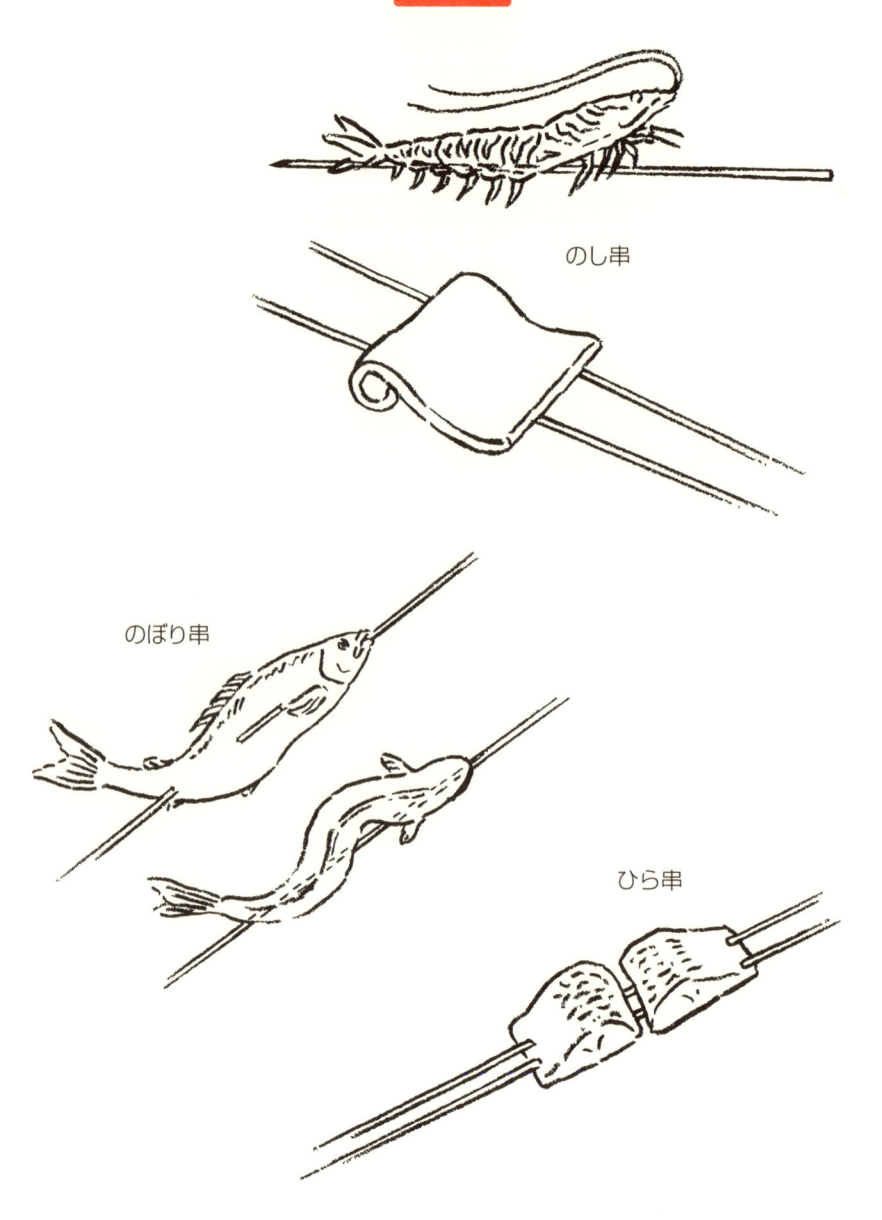

のし串

のぼり串

ひら串

## 【中国茶の読み方】

★読み方表記は、ひらがなが日本語読み、「ジャスミン」、「キーマン」を除くカタカナは中国語読みです。中国読みは、中国の標準語で表記しています。

### ■不発酵茶

| 種類 | 緑茶（リュイチャー） ||
|---|---|---|
| 代表銘柄 | 龍井茶 | 碧螺春 |
| 日本語読み | ロンジンちゃ | へきらしゅん |
| 中国語読み | ロンチンチャー | ピールオチュン |

### ■微発酵茶

| 種類 | 白茶（パイチャー） ||
|---|---|---|
| 代表銘柄 | 白毫銀針 | 白牡丹 |
| 日本語読み | はくごうぎんしん | はくぼたん |
| 中国語読み | パイハオインチェン | パイムゥタン |

### ■半発酵茶

| 種類 | 烏龍茶（ウーロンチャー） |
|---|---|
| 代表銘柄 | 武夷岩茶 |
| 日本語読み | ぶいがんちゃ |
| 中国語読み | ウーイーイェンチャー |

| 種類 | 青茶（チンチャー） ||
|---|---|---|
| 代表銘柄 | 鉄観音 | 凍頂烏龍茶 |
| 日本語読み | てつかんのん（てっかんのん） | とうちょうウーロンちゃ |
| 中国語読み | ティエグワンイン | トンティンウーロンチャー |

### ■発酵茶

| 種類 | 紅茶（ホンチャー） |
|---|---|
| 代表銘柄 | 祁門紅茶 |
| 日本語読み | キーマンこうちゃ（きもんこうちゃ） |
| 中国語読み | チーメンホンチャー |

### ■弱後発酵茶

| 種類 | 黄茶（ホワンチャー） |
|---|---|
| 代表銘柄 | 君山銀針 |
| 日本語読み | くんざんぎんしん |
| 中国語読み | チュンシャンインチェン |

### ■後発酵茶

| 種類 | 黒茶（ヘイチャー） |
|---|---|
| 代表銘柄 | 普洱茶 |
| 日本語読み | プーアルちゃ |
| 中国語読み | プーアルチャー |

### ■その他

| 種類 | 花茶（ホワチャー） ||
|---|---|---|
| 代表銘柄 | 茉莉花茶 | 菊花茶 |
| 日本語読み | ジャスミンちゃ | きくかちゃ |
| 中国語読み | モーリーホワチャー | チュイホワチャー |

## 日本料理編

# 鯛の潮汁

**【材料】**（4人分）

| | |
|---|---|
| 1.5kgのタイのアラ（頭、中骨、腹骨） | 1尾分 |
| ウド | 10cm |
| 水 | 1ℓ |
| 爪昆布（※1） | 2枚 |
| 木の芽 | 12枚 |
| 塩、酒 | 各適量 |

※1 だし昆布の一番下の部分。爪のような形をしているので、この名がついた。旨味を加えるだけでなく、煮る間に切り口から少しずつ粘りが出て、アクをまとめて液面に浮かせ、沈ませないという役割もある。

**【作り方】**

●材料の下準備をする

❶ タイの頭は真半分に切り、適当な大きさに切り分ける（次ページ図）。中骨は鍋に入る適当な大きさに切り分ける。アラをボウルに入れ、フライパンで炒め物をする要領でボウルを返しながらふり塩をし、約1時間30分おく。

★ふり塩が味の決め手となる。塩が少なすぎると塩味が不足になり、脱水作用が弱くなってタイのクセが抜けないので注意する。

❷ ウドは5cm長さに切って皮を厚めにむき、2mm厚さの短冊切りにする。約30分、水にさらしてアクを抜く。塩を加えた熱湯でゆで、透明感が出たら冷水に落として冷ます。

●タイのアラを霜ふりにする

❸ 鍋にたっぷりの熱湯を沸かし、少量の水を加え、約80℃の湯にする。アラの入ったボウルに一気に加え、すぐに全体に湯が当たるよう、箸で切るようにゆっくり混ぜる。

★湯の温度が高いとタイの皮がやわらかくなり、⑤の作業がやりにくくなる。

❹ タイのアラの表面が白っぽく変化したら、落とし蓋でアラを押さえて湯を捨てる。落とし蓋の上から流水を注ぎ入れ、十分に冷ます。

❺ 残ったウロコ、血のかたまり、ぬめりを洗い流す。手で取りにくい部分はティースプーンを使って作業するとよい。

● 潮汁を作る
❻ 鍋に⑤のアラと分量の水、爪昆布を入れて強火にかける。沸騰したら液面が1〜2カ所コトコトとゆるやかに躍るくらいの火加減に調節する。出てきたアクはその都度、こまめにすくい取る。

❼ 眼球が完全に白くなったら、すべてのアラに火が通った証拠。頭とカマの部分を椀に盛る。

❽ ⑦のタイのだし汁をフランネル生地で漉し、別の鍋に移して再び加熱する。味見をし、塩味が足りないなら塩を加えて調味をする。

★フランネル生地は編み目が細かいので澄んだ吸い地になる。

❾ ⑧の吸い地を小鍋に取り分け、②のウドを加えて温め、⑦に盛る。

❿ ⑧の吸い地に香りづけの酒を少量加えてひと煮立ちさせ、⑨の椀に六〜七分目を目安に静かに張り、木の芽をのせてすぐに蓋をする。

## 日本料理編

# 赤飯

### 【材料】（4人分）

| | |
|---|---|
| もち米 | 5カップ |
| 小豆 | 1カップ |
| 煎り黒ゴマ | 適量 |
| 酒塩 | |
| 　酒、水 | 各100㎖ |
| 　塩 | 15g |

### 【作り方】

●材料の下準備をする

❶ もち米にたっぷりの水を加えて勢いよくかき混ぜ、水が白く濁ったらすぐにザルに上げて水分をきる。濁りが出なくなるまで、ザルごとボウルにうけた流水の中でふるように洗う。たっぷりの水に浸し、約20時間、冷蔵庫におく。

★最初の濁った水は糠の成分が多く、においの原因になるので米が吸収しないうちにすばやく捨てる。

❷ 小豆はさっと水で洗い、水500㎖とともに鍋に入れ、強火にかける。沸騰したら、ゆるやかに小豆が躍る程度の火加減にする。ゆで汁が薄い褐色になったらアクが出た証拠なのでゆで汁を捨てる（渋きり）。小豆と鍋をさっと洗う。

★小豆は水で戻してから加熱すると皮が裂けるおそれがある。渋きりをしないと、黒色がかった渋い小豆になる。

❸ ②の小豆と1.5ℓの水を鍋に入れて火にかける。沸騰するまでは強火、沸騰したらゆるやかに小豆が躍る程度の火加減でゆでる。

❹ 小豆を指先でつまみ、軽く力を加えるとつぶれるようになったら、ザルに上げてゆで汁をボウルに取る。小豆にかたくしぼったぬれ布巾をかけて乾燥するのを防ぎ、そのまま冷ます。

❺ ④のゆで汁は2つのボウルを用いて少し高い位置から滝のように移し替える作業を繰り返す。この作業をゆで汁の温度がぬるま湯くらいになるまで続け、常温において完全に冷ます。

★ゆで汁をボウルに何度も移し替えて多量の空気とふれ合わせると、赤色が幾分鮮やかになる。

❻ ①のもち米の水分をきって⑤のゆで汁に浸し、3～4時間おく。

❼ ボウルに酒、水、塩を入れて混ぜ合わせ、酒塩を作る。

●赤飯を蒸す

❽ 水で湿らせたもち布巾を蒸し器に敷き、水気をきった⑥のもち米を入れ、ドーナツ状に中心をくぼませる。四隅のもち布巾をもち米にかぶせ、中火で20～25分間蒸す。

★もち布巾は、もち米を蒸すために目を粗く編んだ布。蒸し布巾、網布巾、もち網ともいう。さらしは編み目が細かく、蒸気が通り抜けないので、必ずもち布巾を使うこと。

❾ ⑦の酒塩に⑧のもち米と④の小豆を入れ、全体を混ぜ合わせる。再度もち布巾に包み、中火で約10分間蒸す。

★再度蒸すことで、酒のアルコール分が飛んで甘味が加わり、艶がよくなる。

❿ 茶碗に盛りつけて煎り黒ゴマをふりかける。塩味が足りない場合は食べるときに塩をふる。

# 牡蠣の土手鍋

## 【材料】（4人分）

| | |
|---|---|
| 牡蠣（むき身） | 600g |
| 焼き豆腐、コンニャク | 各1丁 |
| 青ネギ | 2束 |
| 白ネギ | 2本 |
| ミツバ | 2束 |
| 大根おろし、だし汁、塩 | 各適量 |
| 練り味噌 | |
| 　赤だし用味噌(※1) | 200g |
| 　白味噌 | 100g |
| 　砂糖 | 70g |
| 　みりん | 50㎖ |
| 　酒 | 200㎖ |
| 　卵黄 | 2コ |

※1　主として豆味噌に米味噌を混ぜたものをいう。

## 【作り方】

●練り味噌を作る

❶ 鍋に練り味噌の材料をすべて入れ、味噌のかたまりがなくなるまで十分に混ぜ合わせる。湯煎かごく弱火にかけて絶えず鍋底から返すように練り混ぜる。

★量が少ないので直火では焦げやすく、煮詰まるのが早くコクが出にくいので、湯煎のほうが無難。

❷ もとの味噌よりも若干やわらかい状態に煮詰まったら裏漉しする。かたまりがないことを確認し、ラップをかぶせて冷ます。

●材料の準備をする

❸ 牡蠣は大根おろしを使ってゆっくりともみ洗いする。牡蠣の表面のぬめりがとれてツルツルとした状態になったら水で洗う。乾いた布巾に並べ、水分を十分に拭き取る。

❹ 焼き豆腐は3cm角に切る。

❺ コンニャクはまな板におき、にぎりこぶしで軽くたたいて全体にひび割れを入れる。一口大にちぎり、少しの塩でもんで水分を抜く。熱湯で5分間ゆで、ザルに上げる。

★ひび割れを入れると味がしみ込みやすくなり、手でちぎると切り口が凸凹になって味を吸収する面積が大きくなる。塩でもんだり、ゆでたりするのは、水分と凝固剤のにおいを抜くため。

❻ 青ネギは4cm長さに切り、白ネギは1cm厚さの斜め切りにする。

❼ ミツバは軸、葉ともに4cm長さに切る。

●仕上げる

❽ 土鍋の内側のまわりに②の練り味噌を約1cm厚さで塗りつけ、土手のようにする。

❾ 火にかけて味噌の焼ける香りがしてきたら、だし汁を適量加える。土手の下の部分から味噌を溶かす。牡蠣をはじめ各材料を中央に入れ、煮えたものから食べる。

## 西洋料理編

# Roast beef（ローストビーフ）

### 【材料】（4人分）

| | |
|---|---|
| 牛ロース肉（またはモモ肉） | 1kg |
| 塩、コショウ | 各適量 |
| サラダ油 | 50㎖ |
| バター | 20g |

### 【作り方】

❶ 牛肉を室温に戻し、糸で縛る。塩、コショウをまんべんなくふり、サラダ油を全体にまぶす。

❷ グレーヴィーソース用のタマネギ、ニンジン、セロリを1.5cm角に切り、サラダ油を入れたグラタン皿に広げる。牛肉をおき、バターをのせる。

❸ 220℃に加熱したオーブンで約20分、ローストする。表面が乾いてきたら途中で焼き油をすくってかける。野菜が焦げそうになったら途中で取り出すこと。

★加熱時間は肉1kgにつき約20分が目安。

❹ 肉を取り出して中心部に金串を刺し、約10秒おいて引き出し、下唇に当てる。ほんのり温かく（約40℃）なっていればよい。

❺ 肉をアルミ箔（はく）で包み、温かいところで約20分休ませて肉汁を落ち着かせる。

★肉を休ませる時間は加熱時間と同じくらいが目安。

### ヨークシャープディング

| | |
|---|---|
| 卵 | 2コ |
| 小麦粉 | 100g（1カップ分） |
| 牛乳 | 200㎖ |
| ローストビーフの焼き油 | 大さじ2 |
| バター | 10g |

● 卵、小麦粉、牛乳、③のローストビーフの焼き油をミキサーにかけて生地を作る。グラタン皿にバターを塗り、生地を流す。200℃のオーブンで約30分、生地が十分にふくらみ、焼き色がつくまで焼く。

★ローストビーフ手順⑤の間に焼くとよい。

### グレーヴィーソース

| | |
|---|---|
| タマネギ、ニンジン、セロリ | 各50g |
| ニンニク（皮つきを軽くつぶす） | 1片 |
| 白ワイン | 150㎖ |
| フォン・ド・ヴォ | 400㎖ |
| ブーケ・ガルニ(※1) | 1束 |
| 塩、コショウ | 各適量 |

※1 だし汁やソース、煮込み料理に香りをつけるための香草（ハーブ）の束。タイム、ローリエ、パセリの茎が一般的で、セロリの茎を挟んだり、ポロネギの緑の部分で巻いて縛ったりもする。料理によってはほかの香草を加えることもある。

● ④のグラタン皿の焼き油を捨てて白ワインを入れ、底についた旨味をヘラでこそぎ取る。鍋に移して直火で煮立て、アルコール分を飛ばす。フォン・ド・ヴォとブーケ・ガルニを加え、約半

量になるまで煮詰める。目の細かい漉し器で漉し、塩、コショウで調味する。

### ローストポテト

| | |
|---|---|
| ジャガイモ | 小4コ（約100g） |
| 塩、コショウ、サラダ油 | 各適量 |
| ローズマリー | 1枝 |

●ジャガイモを半分に切り、グラタン皿に入れる。サラダ油をかけ、塩、コショウしてローズマリーを散らす。220℃のオーブンで約20分、串がすっと通るまで焼く。

### ホースラディッシュソース

| | |
|---|---|
| ホースラディッシュ | 50g |
| 粉マスタード、砂糖 | 各大さじ1 |
| 白ワインビネガー | 大さじ4 |
| 生クリーム | 200㎖ |
| 塩、コショウ | 各適量 |

●粉マスタードと白ワインビネガーの半量を泡立て器でよく混ぜる。すりおろしたホースラディッシュ、砂糖、残りの白ワインビネガーを加え、さらに混ぜる。六分立てにした生クリームと合わせ、塩、コショウで味を調える。

### 盛りつけ

ローストビーフを5mm厚さに切る。切り分けたヨークシャープディング、ローストポテト、クレソン1束、ホースラディッシュソースを添え、グレーヴィーソースをローストビーフの上から全体にかける。

# 西洋料理編

# Bouillabaisse（ブイヤベース）

## 【材料】（8人分）

| | |
|---|---|
| 岩礁の魚（※1） | 2.4kg |
| 伊勢エビ（400g） | 4尾 |
| ムール貝 | 16コ |
| タマネギ | 180g |
| ニンジン | 100g |
| ポロネギ（白い部分） | 180g |
| ウイキョウ | 180g |
| ニンニク | 2片 |
| 完熟トマトの果肉 | 300g |
| サフラン | 1g |
| 白ワイン | 400mℓ |
| パスティス | 100mℓ |
| トマトペースト | 50g |
| フュメ・ド・ポワソン | 4ℓ |
| ブーケ・ガルニ | 大1束 |
| 乾燥させたオレンジの皮（※2） | 1.5g |
| フェンネルシード | 0.5g |
| オリーブ油 | 250mℓ |
| 塩、コショウ | 各適量 |
| ガーリックトースト | 8枚 |

※1 ブイヤベースには、カサゴ、コチ、メバル、ホウボウなど身の締まった魚が向く。
※2 オレンジの表皮を自然乾燥させたもの。

### アイヨリ

| | |
|---|---|
| ニンニク | 10g |
| 卵黄 | 1コ |
| オリーブ油 | 150mℓ |
| 塩、コショウ | 各適量 |

●卵黄とすりおろしたニンニクを混ぜて塩、コショウする。オリーブ油を少しずつ加えながら泡立て器で混ぜ、乳化させる。

## 【作り方】

●材料の下準備をする

❶ 魚はヒレ、ウロコ、内臓を取り除き、水で洗って水気を拭き取り、頭を落とす。頭はぶつ切りにする。
❷ 伊勢エビは縦2つに切り、背ワタと砂袋を取る。
❸ ムール貝は殻をこすって汚れを落とし、よく洗って足糸を取る。

★足糸は、貝の外に出ている糸状のもの。引っ張って取り除く。

❹ タマネギ、ニンジン、ポロネギ、ウイキョウは薄切りにする。
❺ ニンニクはたたいてつぶす。
❻ トマトの果肉は粗く刻む。
❼ サフランはオーブンで乾かし、もみほぐす。

●魚のスープを作る

❽ 鍋にオリーブ油100mℓを熱して④を入れ、色づけないようしんなりするまで弱火で炒める。
❾ ①の魚の頭を加えてさらに炒め、火が通ったら、白ワインとパスティスを注ぎ入れる。半量になるまで煮詰める。

❿ ⑤、⑥、トマトペースト、フュメ・ド・ポワソンを加える。沸騰したら火を弱めてアクをとり、ブーケ・ガルニ、⑦、オレンジの皮、フェンネルシードを加え、塩、コショウして、液面がコトコト躍るくらいの火加減で約30分煮る。
⓫ ブーケ・ガルニを取り出し、材料をつぶしながら漉し器でスープを漉して鍋に戻す。

● 魚介をマリネする
⓬ ①の大きな魚の身は適当な大きさに切る。魚に軽く塩、コショウし、伊勢エビと一緒にサフラン少量（分量外）とオリーブ油150㎖をふりかけ、20〜30分マリネする。

● 仕上げる
⓭ ⓫のスープを火にかけ、沸騰したらアクをとる。③と⓬を入れて火を通したら、魚介を取り出して保温しておく。
⓮ ⓭の魚のスープは漉し器で漉して塩、コショウで味を調える。このとき魚のスープの量は約2.4ℓが目安。
⓯ ⓭を器に盛り、⓮、アイヨリ、ガーリックトーストを添える。

# Vichyssoise
（ヴィシソワーズ）

【材料】（4人分）

| | |
|---|---|
| ジャガイモ | 300g |
| タマネギ | 50g |
| ポロネギ（白い部分） | 100g |
| バター | 30g |
| ブイヨン（※1） | 600㎖ |
| 生クリーム | 75㎖ |
| 牛乳 | 200㎖ |
| 塩、コショウ、シブレット | 各適量 |

※1 骨つき牛肉や鶏肉を野菜とともに水から長時間煮込んでとったもの。

【作り方】
❶ ジャガイモは皮をむき、薄切りにする。タマネギ、ポロネギを同じく薄切りにする。
❷ 鍋にバターを熱し、タマネギとポロネギを入れ、色づけないように弱火でゆっくり炒める。ジャガイモを加えてさらに炒める。
❸ ブイヨンを加えて強火にし、塩、コショウで下味をつける。沸騰したら火を弱めてアクを取り除き、液面がコトコト躍るくらいの火加減で約20分煮る。
❹ 粗熱をとり、ミキサーにかけてなめらかなピュレ状にする。
❺ 漉し器で漉してボウルに入れ、氷水を当てて冷やす。冷えたら生クリームと牛乳を加えて混ぜ、塩、コショウで味を調える。冷蔵庫で十分に冷やす。
❻ よく冷やした器に注ぎ、刻んだシブレットを散らす。

# 西洋料理編

## Pot-au-feu (ポトフ)

【材料】(4人分)

| | |
|---|---|
| 牛バラ肉（かたまり） | 600g |
| 肉の塩漬け用 | |
| ┌ 粗塩 | 50g |
| │ 白粒コショウ | 3g |
| │ タイム | 2枝 |
| └ ローリエ | 1/2枚 |
| 鶏モモ肉（骨つき350g） | 2本 |
| タマネギ | 1コ |
| カブ（250g） | 1コ |
| ニンジン、ポロネギ（白い部分） | 各1本 |
| ジャガイモ | 2コ（計450g） |
| タイム | 1枝 |
| ローリエ | 1枚 |
| 粗塩、マスタード | 各適量 |

【作り方】

●材料の下準備をする

❶ 牛バラ肉の両面に粗塩、粗く砕いた白粒コショウをまぶす。タイム、ローリエをのせ、ラップをかけて冷蔵庫で一晩おいて塩漬けにする。

❷ 肉の表面についている塩、コショウ、水分をさっと洗い流し、水気を拭き取る。4つに切り分け、それぞれを糸で十文字に縛っておく。

★肉を糸で縛ると、煮くずれせず形よく仕上がる。

❸ 鶏モモ肉は余分な脂と皮を切り取り、関節のところで2つに切る。

❹ タマネギは縦半分に切り、ニンジン、カブ、ジャガイモは4つに切り分ける。ポロネギは、バラバラになりやすいので糸で縛る。

●材料を煮込む

❺ 鍋に水2ℓを入れて②と③を加え、強火にかける。沸騰直前になったら火を弱め、アクや脂を丁寧に取り除く。

❻ タイム、ローリエを加え、火力を調整し、液面がコトコト躍るくらいの火加減で、約1時間火を通す。グラグラと煮立たせないように注意し、時々アクをとる。

❼ 肉がある程度やわらかくなったら、④のタマネギ、ニンジン、ポロネギを加え、30分ほど火を通す。野菜にほぼ火が通ったところでカブとジャガイモを加え、約15分煮る。

❽ 肉に串を刺し、すっと入るほどやわらかくなり、野菜にも火が通ったらでき上がり。器に盛り、好みで粗塩とマスタードを添える。

# Salsa di pomodoro
（サルサ ディ ポモドーロ）
（トマト・ソース）

【材料】（約500ml分）

| | |
|---|---|
| トマト（缶詰） | 800g |
| ニンニク | 1/2片 |
| タマネギ | 100g |
| オリーブ油 | 50ml |
| バジリコ | 1枝 |
| 塩、コショウ | 各適量 |

【作り方】

❶ トマトは果肉を縦に割き、汁の中でふり洗いして種を落とす。ヘタを取り除き、汁はザルで漉す。果肉を粗く刻み、先の汁と合わせる。

❷ ニンニク、タマネギをみじん切りにする。

❸ 鍋にオリーブ油、②を入れ、弱火にかける。薄く色づくまで焦がさないようにじっくりと炒める。

❹ ①とバジリコを加える。塩、コショウをし、2/3量になるまで弱火で約20分煮る。

❺ 漉し器で漉し、塩、コショウで調味する。

★紹介しているのはもっとも丁寧な作り方。煮上がったソースを漉さずにトマトの果肉が残った素朴な仕上がりにしてもよい。トマトを丸ごと加えて仕上げに漉して作ることもできる。

# Pesto genovese
（ペスト ジェノヴェーゼ）
（ジェノヴァ風ペスト）

【材料】（約150ml分）

| | |
|---|---|
| バジリコの葉 | 50g |
| ニンニク | 5g |
| 松の実 | 10g |
| エクストラバージン・オリーブ油 | 100ml |
| パルメザン・チーズ | 10g |
| ペコリーノ・チーズ | 5g |
| 塩、コショウ | 各適量 |

【作り方】

❶ パルメザン・チーズとペコリーノ・チーズをすりおろす。

❷ ミキサーにバジリコの葉、ニンニク、松の実、エクストラバージン・オリーブ油、塩、コショウを入れて攪拌し、ペースト状にする。

★ミキサーで攪拌すると温度が上昇し、仕上がりの色がくすんで黒っぽくなることがあるので、不必要にかけすぎないこと。できるだけ短時間でペースト状になるよう、あらかじめ材料を刻んだり、ミキサーの容器を冷やしたりしておくとよい。

❸ 器に移し、①を混ぜ合わせる。塩、コショウで調味する。

★仕上がりの濃度はエクストラバージン・オリーブ油で加減する。

## 西洋料理編

# Salsa bolognese
（ミート・ソース）

**【材料】**（約500ml分）

| | |
|---|---|
| 牛挽き肉 | 400g |
| 鶏肝 | 20g |
| ソフリット（※1） | |
| 　タマネギ | 200g |
| 　ニンジン | 100g |
| 　セロリ | 80g |
| 　ニンニク | 1/2片 |
| 乾燥ポルチーニ茸 | 5g |
| 薄力粉 | 大さじ1 |
| 赤ワイン | 200ml |
| トマト（缶詰） | 400g |
| トマト・ペースト | 30g |
| 鶏のだし汁 | 500ml |
| タイム | 1枝 |
| ローリエ | 1枚 |
| ナツメッグ | 少量 |
| オリーブ油、塩、コショウ | 各適量 |

※1　香味野菜の甘味を引き出すように、じっくりと炒めたもの。

**【作り方】**

❶ 鶏肝は筋や血のかたまり、緑色に変色した部分を除き、氷水にさらして血抜きをする。水気を十分に拭き取り、細かく刻む。

❷ 乾燥ポルチーニ茸は100mlの水で戻す。水気を軽くしぼってみじん切りにし、戻し汁は漉す。

❸ トマト（缶詰）はP163の「Salsa di pomodoro（トマト・ソース）」の手順①と同様に下準備する。

❹ ソフリット用の野菜をみじん切りにする。

❺ 鍋にオリーブ油30mlを熱し、④を約20分炒めてソフリットを作る。②のポルチーニ茸を加えて軽く炒め、薄力粉をふり入れて軽く炒める。

❻ フライパンにオリーブ油適量を熱し、牛挽き肉を炒める。①を加え、しっかりと炒めたら、赤ワインを加え、底に焼きついた肉汁をこそげて溶かしながら軽く煮詰め、⑤に加える。

❼ ③とトマト・ペースト、鶏のだし汁、②の戻し汁、タイム、ローリエ、ナツメッグを加え、塩、コショウする。煮立たせてアクをとり、肉が十分にやわらかくなるまで約1時間、弱火で煮込む。塩、コショウで調味する。

# Costoletta alla milanese
（子牛のカツレツ、ミラノ風）

コストレッタ　アッラ　ミラネーゼ

## 【材料】(4人分)

| | |
|---|---|
| 子牛骨つきロース肉 | 4枚 |
| パルメザン・チーズ | 15g |
| 卵 | 2コ |
| パン粉、オリーブ油、バター | 各適量 |
| 塩、コショウ | 各適量 |
| レモン | 2コ |
| クレソン | 適量 |

## 【作り方】

❶ 子牛骨つきロース肉は、骨のまわりについた筋や肉をこそげ落とし、骨を適当な長さに切る。パン粉を軽くまぶし、肉たたきで5mm厚さの小判形にたたきのばし、筋切りをする。

★パン粉の代わりに少量の水でぬらしたラップフィルムに挟み、たたきのばしてもよい。形のいびつなところは肉を内側に折り込んで整形しながらたたく。

❷ パルメザン・チーズをすりおろし、溶き卵と混ぜ合わせる。

❸ ①の両面に塩、コショウをし、②、パン粉の順に衣をつける。

❹ まな板にパン粉をふって③をおき、形を整えながら包丁の腹でたたいて衣をなじませる。盛りつけたとき上になる面に包丁の背で格子模様をつける。

❺ フライパンにオリーブ油とバターを少し多めに熱し、薄く色づいてきたら④の格子模様をつけた面から香ばしく焼く。

★骨のつけ根の部分は火が通りにくいので、骨とつけ根に焼き油をかけながら焼く。ただし、フライパンの中の焦げたパン粉を焼き油と一緒にかけないよう注意すること。

❻ 両面がきれいに色づき、肉に火が通ったら、ペーパータオルにとって油を切る。器に盛り、レモンとクレソンを添える。

## 中国料理編

# 清蒸鮮魚
（チンチョンシェンユィ）

## 【材料】（5～6人分）
| | |
|---|---|
| キジハタなどの鮮魚（※1） | 1尾（800g） |
| 青ネギ（ぶつ切りと細切りの両方を用意） | 適量 |
| ショウガ（薄切り） | 適量 |
| ピーナッツ油（またはサラダ油） | 50㎖ |
| 魚汁（魚のソース）（ユィヂー） | 200㎖ |
| 香菜 | 適量 |

※1 鮮魚はキジハタのほか、カサゴ（ガシラ）、アブラメ（アイナメ）などが使える。魚は大きさによって蒸し時間を調整するので小さくてもよい。大きい場合は、頭、尾の2つに切り分ける。

### 魚汁
| | |
|---|---|
| 鶏ガラスープ | 200㎖ |
| 醤油 | 20㎖ |
| 中国たまり醤油 | 30㎖ |
| 魚露（※2）（ユィルゥ） | 30㎖ |
| シーズニングソース | 25㎖ |
| 砂糖 | 小さじ1/2 |

●魚汁の材料を鍋に合わせ、ひと煮立ちさせる。

※2 小魚を塩漬けにして発酵させ、漉して作る調味料。ナンプラーも同類のもの。
★中国たまり醤油、シーズニングソースが手に入らない場合は醤油の分量を増やす。

## 【作り方】
### ●キジハタをつぼ抜きする
❶ キジハタはウロコを引き、肛門の手前に切り目を入れる。包丁の刃を上に向け、切っ先を切り目から入れ、肛門につながっている腸を切る。

❷ エラぶたを開き、エラのつけ根を切る。もう片方も同様にする。

❸ 割り箸2本でエラを挟むようにして横にさし入れ、割り箸を回転させながらエラと内臓を巻き取って引っ張りだす。

❹ 水を何度も換えて腹の中をきれいに洗い、水気をきる。

### ●魚を蒸す
❺ ❹は盛りつけて裏になる側の身の厚い部分に、背ビレに沿って切り込みを入れる。

❻ 皿に箸を渡した上に魚をのせ、その上にぶつ切りにした青ネギ、ショウガの薄切りをのせ、強火で10～12分蒸す。

★魚を蒸す時間は100gにつき70～90秒が目安。魚の下側にも蒸気が当たるように箸を渡した上にのせ、魚を皿から浮かせる。

❼ 皿ごと取り出し、魚の蒸し汁、❻のネギとショウガを除き、胸の部分に青ネギの細切りをのせる。ピーナッツ油を高温に熱してかける。

❽ ピーナッツ油を熱した鍋に魚汁を入れて余熱で温め、❼の魚のまわりにかける。好みで香菜をのせる。

★清蒸魚は、ゆでたサイシンやカイランなどを添え、ご飯と一緒に食べるのが香港のスタイル。

# 四川担担麺
スーチュワンタンタンミェン

## 【材料】(4人分)

| | |
|---|---|
| 生麺 | 2玉 |
| 芽菜（みじん切り）(※1)<br>ヤーツァイ | 10g |
| 青ネギ（みじん切り） | 1本分 |
| 花椒粉、ラー油 | 各適量 |

※1 小葉カラシ菜を塩、八角、花椒などで漬けたもの。根元の部分がかたいので取り除く。代用にはザーサイ、高菜漬けを使う。

### ●炸醤肉末（豚挽き肉の味噌炒め）
ヂャーヂャンロウモー

| | |
|---|---|
| 豚挽き肉 | 100g |
| 油 | 適量 |
| 酒 | 小さじ1 |
| 醤油、甜麺醤(※2)<br>ティエンミェンヂャン | 各大さじ1 |

※2 小麦粉を発酵させて造る甘味のある味噌。

### ●合わせ調味料

| | |
|---|---|
| 砂糖 | 大さじ1 |
| 鎮江香醋(※3)<br>チェンヂャンシャンツゥ | 大さじ1/2 |
| 中国たまり醤油 | 20㎖ |
| 醤油 | 30㎖ |
| 花椒油(※4)<br>ホワヂャオヨウ | 小さじ1/2 |
| 芝麻醤(※5)<br>ヂーマーヂャン | 50g |
| ラー油 | 45㎖ |
| 花椒粉、一味唐辛子 | 各少量 |

※3 江蘇省鎮江で造られる黒酢。ウスターソースのような色と香りがあり、酸味はまろやかで旨味がある。
※4 花椒を植物油でゆっくりと加熱して香りを移したもの。
※5 煎った白ゴマをすりつぶし、熱した植物油でのばしたもの。
★※1～5は市販品が中華材料店で求められる。

## 【作り方】

❶ 炸醤肉末を作る。熱した鍋に油を入れ、豚挽き肉を中火でほぐすように炒める。肉がほぐれてきたら火を弱め、酒、醤油、甜麺醤を入れ、中火で炒め合わせる。挽き肉が調味料を吸い込み、周囲の油が透明になるまで炒めて取り出す。

★炸醤肉末は冷まして冷蔵庫で保存可。長期の場合は、冷凍保存のこと。ほかに麻婆豆腐など用途が広い。

❷ ボウルに合わせ調味料の材料をすべて入れ、混ぜ合わせておく。

❸ たっぷりの熱湯に麺をよくほぐして入れ、箸で手早く混ぜる。麺が底に沈むと焦げるので、再び沸騰するまで混ぜる。指で麺をつぶして1本白い筋が見える程度、少しかためにゆで、湯をしっかりきる。

★麺の表面の小麦粉が溶けるので、湯が少ないと麺がべたついた状態になる。

❹ ゆでた麺をボウルに入れ、芽菜、2/3量の炸醤肉末を加える。合わせ調味料を適量（大さじ2が目安）入れながら混ぜて味を確かめ、2/3量の青ネギを加えてよく混ぜる。

❺ 小ぶりの碗に④を入れ、残りの炸醤肉末と青ネギを上にのせる。好みで花椒粉、ラー油をかける。

## 料理がわかると、もっと美味しい！
# 料理検定

●申し込み方法など料理検定に関する情報は、料理検定公式ホームページにて随時お知らせしています。

## http://ryouri-kentei.jp

### 大阪あべの辻調理師専門学校

　「食のプロを育てる」日本最大級の食の総合教育機関である辻調グループ校は、大阪あべの辻調理師専門学校を中心に、フランス料理、日本料理、中国料理、製菓、製パン、カフェにいたるまで専門的に学べる学校を、大阪・東京・フランスに14校擁している。「実技をこなす学者」といわれた料理研究の第一人者であり、日本人初のフランス最優秀料理人賞（M.O.F.）名誉賞を受けた辻静雄が1960年に創設し、2009年で50周年。

　「一流の技術は一流の環境から」という教育方針のもと、最新の設備・実習室を完備。指導陣の育成にも力を入れており、優秀なプロを育てるその教育ノウハウは高く評価されている。開校してからはばたいた卒業生は12万人にのぼり、日本だけでなく世界の飲食・サービス業界で活躍している。

　同校の教授陣・研究所員が監修・執筆・翻訳した書籍は『プロのためのわかりやすい』シリーズ、『新ラルース料理大事典』など600冊を超え、2000年には九州・沖縄サミットにおいて首脳社交晩餐会を総合プロデュースするなど、その実力は世界的にも認められている。

著　者　　大阪あべの辻調理師専門学校
　　　　　［技術部門］
　　　　　日本料理担当　　畑　耕一郎
　　　　　西洋料理担当　　水野　邦昭
　　　　　　　　　　　　　西川　清博
　　　　　　　　　　　　　永作　達宗
　　　　　中国料理担当　　松本　秀夫
　　　　　食材担当　　　　松井　幸一

　　　　　［学術部門］
　　　　　日本料理担当　　重松　麻希
　　　　　西洋料理担当　　中尾　祐子
　　　　　　　　　　　　　近藤　乃里子
　　　　　中国料理担当　　福冨　奈津子
　　　　　食材担当　　　　浅野　和子

　　　　　［執筆協力］
　　　　　日本料理担当　　谷口　博之
　　　　　　　　　　　　　小谷　良孝
　　　　　中国料理担当　　堀内　眞二


デザイン　　橘浩貴デザイン室
イラスト　　大平年春
校　　正　　野尻浩一
編集協力　　岩崎 平・中本由美子・笹井良隆

# 料理検定
## 公式問題集＆解説【2級】

2008年7月30日　初版発行

編　　者　　大阪あべの辻調理師専門学校　料理検定委員会
発行者　　　竹下晴信
印刷・製本　凸版印刷株式会社
発行所　　　株式会社　評論社
　　　　　　〒162-0815　東京都新宿区筑土八幡町2-21
　　　　　　電話　営業 03-3260-9409　FAX 03-3260-9408
　　　　　　　　　編集 03-3260-9403
　　　　　　振替 00180-1-7294

©Tsuji Culinary Institute
Printed in Japan
ISBN978-4-566-07401-9
落丁・乱丁本は本社にておとりかえいたします。